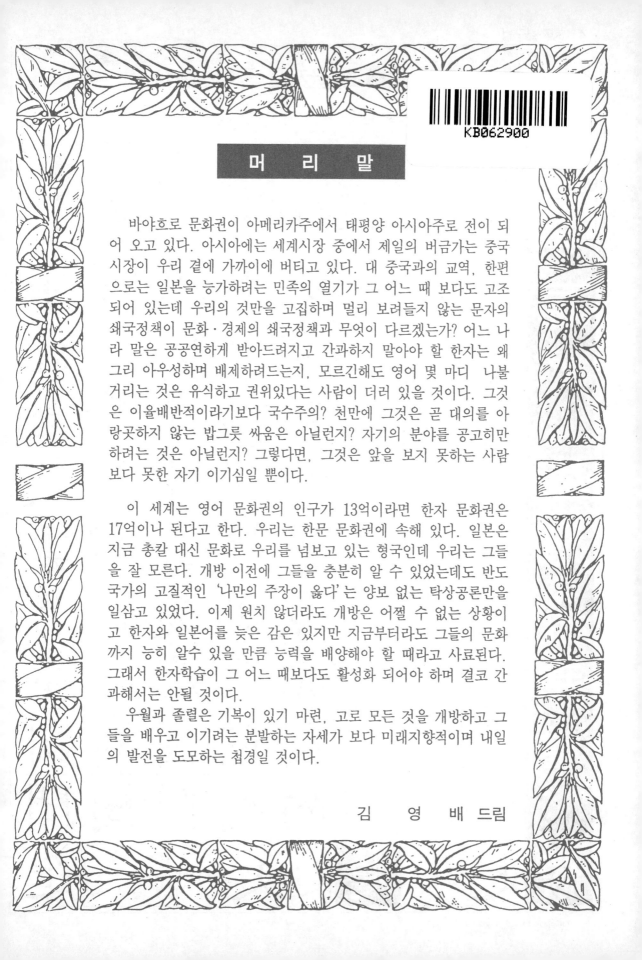

KB062900

머 리 말

　바야흐로 문화권이 아메리카주에서 태평양 아시아주로 전이 되어 오고 있다. 아시아에는 세계시장 중에서 제일의 버금가는 중국시장이 우리 곁에 가까이에 버티고 있다. 대 중국과의 교역, 한편으로는 일본을 능가하려는 민족의 열기가 그 어느 때 보다도 고조되어 있는데 우리의 것만을 고집하며 멀리 보려들지 않는 문자의 쇄국정책이 문화 · 경제의 쇄국정책과 무엇이 다르겠는가? 어느 나라 말은 공공연하게 받아드려지고 간과하지 말아야 할 한자는 왜 그리 아우성하며 배제하려드는지, 모르긴해도 영어 몇 마디 나불거리는 것은 유식하고 권위있다는 사람이 더러 있을 것이다. 그것은 이율배반적이라기보다 국수주의? 천만에 그것은 곧 대의를 아랑곳하지 않는 밥그릇 싸움은 아닐런지? 자기의 분야를 공고히만 하려는 것은 아닐런지? 그렇다면, 그것은 앞을 보지 못하는 사람보다 못한 자기 이기심일 뿐이다.

　이 세계는 영어 문화권의 인구가 13억이라면 한자 문화권은 17억이나 된다고 한다. 우리는 한문 문화권에 속해 있다. 일본은 지금 총칼 대신 문화로 우리를 넘보고 있는 형국인데 우리는 그들을 잘 모른다. 개방 이전에 그들을 충분히 알 수 있었는데도 반도국가의 고질적인 ‘나만의 주장이 옳다’ 는 양보 없는 탁상공론만을 일삼고 있었다. 이제 원치 않더라도 개방은 어쩔 수 없는 상황이고 한자와 일본어를 늦은 감은 있지만 지금부터라도 그들의 문화까지 능히 알수 있을 만큼 능력을 배양해야 할 때라고 사료된다. 그래서 한자학습이 그 어느 때보다도 활성화 되어야 하며 결코 간과해서는 안될 것이다.

　우월과 졸렬은 기복이 있기 마련, 고로 모든 것을 개방하고 그들을 배우고 이기려는 분발하는 자세가 보다 미래지향적이며 내일의 발전을 도모하는 첩경일 것이다.

김 영 배 드림

漢字의 結構法(글자를 꾸미는 법)

◇ 漢字의 結構는 대체적으로 다음 여덟 가지로 나눌 수 있다.

扁변 旁방	冠관 畓답	垂수	構구	繞요	單獨단독

扁	작은 扁을 위로 붙여쓴다.	堤	端	唯	時	絹
	다음과 같은 변은 길게 쓰고, 오른쪽을 가지런히 하며, 몸(旁)에 비해 약간 작게 양보하여 쓴다.	係	防	陳	科	號
		般	婦	賦	精	諸
旁	몸(旁)은 변에 닿지 않도록 한다.	飲	服	視	務	敎
冠	위를 길게 해야 될 머리.	苗	等	옆으로 넓게 해야 될 머리	富	雲
畓	받침 구실을 하는 글자는 옆으로 넓혀 안정되도록 쓴다.	魚	忠	愛	益	醫
垂	윗몸을 왼편으로 삐치는 글자는 아랫 부분을 조금 오른쪽으로 내어 쓴다.	原	府	庭	虎	屋
構	바깥과 안으로 된 글자는 바깥의 품을 넉넉하게 하고 안에 들어가는 부분의 공간을 알맞게 분할하여 주위에 닿지 않도록 쓴다.	圓	國	園	圖	團
		向	門	問	間	聞
繞	走 는 먼저 쓰고 起	辶 又		는 나중에 쓰며, 대략 네모가 되도록 쓴다.		進

漢字의 六書

아무리 많은 한자일지라도, 또 그모양이 아무리 복잡한 것일지라도 그것들 모두는 「육서 (六書)」 즉, 다음 여섯 가지의 방법에 의해 만들어졌다.

여기서 육서(六書)란 상형·지사·회의·형성·전주·가차문자를 말하는데 그 내용은 다음과 같다.

1. 상형문자(象形文字) : 어떤 사물의 모양을 본떠서 만든 문자.
   - 日은 해(☼), 月은 달(⺼)을 본뜬 글자이다.

2. 지사문자(指事文字) : 형상으로 나타낼 수 없는 추상적인 생각이나 뜻을 선이 나 점으로 표현한 문자.
   - 上은 위(⸓)를, 下는 아래(⸕)를 뜻함.

3. 회의문자(會意文字) : 이미 있는 둘 이상의 문자를 결합해서 새로운 뜻을 나 타내는 문자.
   - 男 : 〔田 + 力〕→ 男으로 밭에서 힘쓰는 사람, 곧 '사내'를 뜻하는 문자 등을 말함.

4. 형성문자(形聲文字) : 이미 있는 문자를 결합해서 한 쪽은 뜻(형부)을, 한 쪽 은 음(성부)를 나타내는 문자.
   - 淸 : 〔氵(水) → 뜻 + 靑(청) → 음〕→ 淸(청)으로 氵(水)는 '물'의 뜻을, 靑은 '청'이라는 음을 나타내어 '맑을 청' 자가 됨.

5. 전주문자(轉注文字) : 이상 네 가지 문자의 본디 뜻을 바꾸어 새로운 뜻을 나 타내는 문자.
   - 長 : 길다(장) → 어른(장), 惡 : 나쁘다(악) → 미워하다(오)

6. 가차문자(假借文字) : 전주문자는 뜻을 전용했지만 가차는 문자의 음을 빌려 쓰는 방법이다.(주로 외래어 표기에 이용된다.)
   - 亞細亞 — 아시아, 印度 — 인디아.

漢字의 起源과 變遷

1. 한자의 기원 : 한자는 언제부터 쓰여졌는지는 확실치 않으나 지금으로부터 3천 5백년 전 중국 은나라 옛터에서 발견된 거북이의 등껍질과 뼈에 새겨진 이른바 갑골문자가 한자의 기원이 아닌가하는 학설이 지배적이다. 이러한 한자는 황제(皇帝) 때 사관(史官)이었던 창힐이 처음 만들었다고 전해지는데 혼자 만들었다기보다는 그 당시 사용되던 문자를 최초로 정리했다고 보아야 정확할 것이다. 그후 진시황이 중국을 최초로 통일하고 이사(李斯)를 시켜 문자를 체계화, 집대성함으로써 한자는 더욱 발전을 하게 되었다.

2. 한자의 변천 : 한자의 최초 형태인 갑골문자는 물체의 형상을 본떠서 만든 것으로써 「금문 → 전서 → 예서」를 거쳐서 오늘날의 해서체(정자체)로 변천되어 왔다.

갑골문자

갑골문	금 문	전 서	예 서	해 서
				日
				月
				雨
				母
				馬
				車
				申

3. 한자의 자수 : 한자는 뜻글자이므로 한가지 사물마다 그것을 나타내는 글자가 있어야 한다. 초기에는 글자 수가 그리 많지는 않았으나, 문명이 열리고 발달을 하면서 한자 역시 자꾸 만들어져 1716년에 중국에서 편찬한 「강희자전」에 보면 대략 5만자가 수록되었고 그 후에도 한자 수는 더욱 늘어났다.

일 러 두 기

■ 집필법

ㅇ볼펜을 잡을 때 볼펜심 끝으로부터 3㎝가량 위로 인지(人指)를 얹고 엄지를 가볍게 둘러대는데 이때 종이바닥면에서 50° ~ 60° 정도로 경사지게 잡는 것이 가장 좋은 자세입니다. 단, 손의 크기 또 볼펜의 종류나 폭의 굵기에 따라 개인 차는 있을 수 있습니다.

한자(漢字)에는 해서체(楷書體) · 행서체(行書體) · 초서체(草書體)가 있고 한글에는 각각 개개의 특유 한글체가 있으나 정자체와 흘림체로 대별하여 설명하자면 각기 그 나름대로 완급(緩急)의 차이가 있으나 해서체나 작은 글씨일수록 각도가 크고 행서 · 초서 · 흘림체나 큰 글씨일수록 경사 각도를 낮게하여 50° 이하로 잡습니다. 50°의 각도는 손 끝에 힘이 적게 드는 각도인데, 평소 볼펜이나 플러스펜을 쓸 때 정확히 쓰자면 50° ~ 60°의 경사 각도로 볼펜을 잡는 것이 가장 운필하기에 알맞을 자세라고 할수 있습니다.

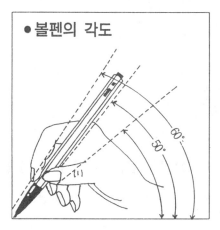

● 볼펜의 각도

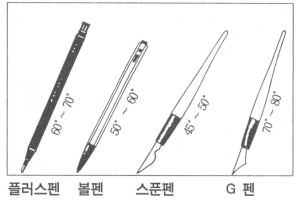

플러스펜　　볼펜　　스푼펜　　　G 펜

■ 볼펜과 이외의 용구

ㅇ볼펜이나 플러스펜은 현대에서의 보편적이고 합리적인 필기로써 일반적으로 쓰여지고 있습니다. 이외의 것으로 스푼펜을 비롯하여 챠드글씨용의 G펜, 제도용의 활콘펜 등이 있으나 스푼펜은 글씨 연습용으로 가장 적합한 필기구이지만 현실적으로 실용적이라 할 수 없어 볼펜이나 플러스펜으로 연습하려면 지면과의 각도를 크게 그리고 가급적 높게 잡아 쓰는 버릇이 효과를 가져오는데 절대적인 방법일 수밖에 없습니다.

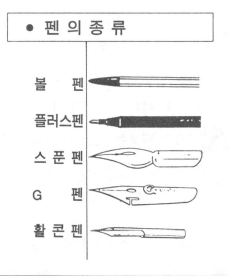

● 펜 의 종 류

볼 펜
플러스펜
스 푼 펜
G 펜
활 콘 펜

漢字의 一般的인 筆順

1 위에서 아래로	**8** 오른쪽 위의 점은 나중에
위를 먼저 쓰고 아래는 나중에	오른쪽 위의 점을 맨 나중에 찍음
一 二 三, 一 丁 工	一 ナ 大 犬, 一 二 三 弍 式 式
2 왼쪽서 오른쪽으로	**9** 책받침은 맨 나중에
왼쪽을 먼저, 오른쪽을 나중에	一 厂 斤 斤 斤 近 近
丿 刀 川, 丿 亻 亻 代 代	丷 丷 丷 芊 关 关 送 送
3 밖에서 안으로	**10** 가로획을 먼저
둘러싼 밖을 먼저, 안을 나중에	가로획과 세로획이 교차하는 경우
丨 冂 月 日, 丨 冂 冊 用 田	一 十 十 古 古, 一 十 士 士 志
4 안에서 밖으로	一 十 ナ 支, 一 十 土
내려긋는 획을 먼저, 삐침을 나중에	一 二 丰 丰 末, 一 十 卄 卄 共 共
丿 小 小, 一 二 于 示	**11** 세로획을 먼저
5 왼쪽 삐침을 먼저	① 세로획을 먼저 쓰는 경우
① 左右에 삐침이 있을 경우	丨 冂 巾 由 由, 丨 冂 冊 用 田
丿 小 小, 一 十 主 主 赤 赤 赤 赤	② 둘러쌓여 있지 않는 경우는 가로획을 먼저
② 삐침사이에 세로획이 없는 경우	쓴다.
丿 尸 尸 尺, 亠 六 六	一 丁 干 王, 丶 亠 十 丰 主
6 세로획을 나중에	**12** 가로획과 왼쪽 삐침
위에서 아래로 내려긋는 획을 나중에	① 가로획을 먼저 쓰는 경우
丨 冂 日 中, 丨 冂 日 日 甲	一 ナ 丰 左 左, 一 ナ 仁 在 在 在
7 가로 꿰뚫는 획은 나중에	② 위에서 아래로 삐침을 먼저 쓰는 경우
가로획을 나중에 쓰는 경우	丿 ナ 才 右 右, 丿 ナ 才 有 有 有
乚 女 女, 乛 了 子	

♣ 여기에서의 漢字 筆順은 外의 것들도 많지만 대개 一般的으로 널리 쓰여지는 것임.

한자의 기본 획

◎ 기본이 되는 점과 획을 충분히 연습한 다음 본문의 글자를 쓰십시오.

上	一	一						
工	二	二						
王	三	三						
少	丿	丿						
大	丿	丿						
女	〈	〈						
人	乀	乀						
寸	亅	亅						
下	丨	丨						
中	丨	丨						
目	𠃌	𠃌						
句	乛	乛						
子	乚	乚						

京	ヽ	ヽ						
永	ヽ	ヽ						
小	八	八						
火	ヽ	ヽ						
千	ノ	ノ						
江	シ	シ						
無	灬	灬						
起	走	走						
建	又	又						
近	辶	辶						
成	乀	乀						
毛	レ	レ						
室	宀	宀						
風	乁	乁						

教育部選定漢字

교육부선정자

오늘의 世界名言

♡ 인간은 환경을 지배하지만, 환경으로부터는 지배당하지 않으려고 한다. 인간 최대의 가치는 여기에 있다.
괴테 : 독일·시인·극작가

重要結構

加減	架橋	佳朋	家屋	可憎	價値
가감 : ①더하거나 덜. ②또는 그렇게 하여 알맞게 맞춤. 예加減集計(가감집계)	가교 : 강이나 연못 등에 다리를 놓음. 예架橋工事(가교공사)	가붕 : 서로 우애가 깊은 좋은 벗. 예故鄕佳朋(고향가붕)	가옥 : 사람이 생활하면서 살 수 있는 집. 주택(住宅). 예洋屋家屋(양옥가옥)	가증 : 어떤 이의 말이나 행동 따위가 얄미움. 예態度可憎(태도가증)	가치 : 인간의 욕망을 충족시키는 재화 등의 중요 정도. 예價値尺度(가치척도)
加減	架橋	佳朋	家屋	可憎	價値
더할 가 / 덜 감	시렁 가 / 다리 교	아름다울 가 / 벗 붕	집 가 / 집 옥	옳을 가 / 미워할 증	값 가 / 값 치

오늘의 世界名言

♡ 인간은 조각의 재료가 되는 돌이다. 그것을 가지고 신의 모습으로 조각하든가 악마의 모양을 새기든가, 그것은 각인의 마음 먹기에 달려 있다.
E. 스펜서 : 영국 · 시인

重要結構

교육부선정자

假稱	覺悟	各處	簡單	幹部	姦淫
가칭 : 임시 또는 거짓으로 일컬음. 또는 그 명칭. 예假稱呼稱(가칭호칭)	각오 : 결심한 것이나 또는 깨달은 마음이 있어 작정함. 예決心覺悟(결심각오)	각처 : 여러 곳. 모든 곳. 이곳. 저곳. 예國內各處(국내각처)	간단 : 줄거리만 간추리어 짤막함. 간략하고 단순함. 예簡單處理(간단처리)	간부 : 기관이나 군대 조직체 등의 책임자나 지휘자. 예幹部會議(간부회의)	간음 : 부부가 아닌 남녀의 옳지 못한 성적 관계. 예姦淫犯罪(간음범죄)
假 稱	覺 悟	各 處	簡 單	幹 部	姦 淫
거짓 가	일컬을 칭	깨달을 각	깨달을 오	각각 각	곳 처	간략할 간	단위 단	줄기 간	거느릴 부	간음할 간	음란할 음

오늘의 世界名言

♡ 만약 인간의 가치가 일로 서 결정이 된다면 소는 어떤 인간보다도 가치가 있을 것이다. 소는 일을 잘하고 또 절대로 불평을 하지 않는다.
고르키 : 러시아·문호

重要結構

교육부선정자

肝臟	懇切	看護	監督	感謝	甲子
간장:사람이나 동물의 생식기관의 하나인 간. 예肝臟肝腸(간장간장)	간절:간곡하고 지성스러움. 구하는 정도가 절실함. 예懇切付託(간절부탁)	간호:환자나 병약한 노인이나 어린이를 보살펴 돌봄. 예患者看護(환자간호)	감독:①보살펴 단속함. ②영화 등의 총연출자. 예映畵監督(영화감독)	감사:①고마움. ②고맙게 여김. 또는 그러한 느낌. 예感謝表示(감사표시)	갑자:육십갑자의 첫째. 예甲子史禍(갑자사화)
肝臟	懇切	看護	監督	感謝	甲子
간 간	오장 장	간절할 간	끊을 절	볼 간	보호할 호	감독할 감	감독할 독	느낄 감	사례할 사	갑옷 갑	아들 자
刀二一	肨맠貯腹	豸豸戁心	一乚刀丿	三丿丿三	言隻隻隻入	丨丿丨氵슶	未叉攵月	尸匚丶心	言身身身亅小	口二丨	孑一

(empty practice grid rows)

肝	臟	懇	切	看	護	監	督	感	謝	甲	子

(empty practice grid rows)

오늘의 世界名言

♡ 인간은 이따금 야수와 같이 표효하는 수도 있고, 때로는 천사처럼 평안함을 얻기도한다.

모로아 : 프랑스 · 소설가

重要結構

強硬	講壇	江湖	皆勤	蓋石	改善
강경: 군세게 버티어 뜻을 굽히지 아니함. 예強硬態度(강경태도)	강단: 강연 · 강의 · 설교 따위를 할 때 올라서도록 만든 단. 예講堂講壇(강당강단)	강호:①강과 호수 ②자연. ③세상. 예江湖諸賢(강호제현)	개근: 학교 등에서 일정기간 동안 하루도 빠짐없이 출석함. 예皆勤賞(개근상)	개석:①석실 위에 덮던 돌. ②비석 위에 지붕 모양으로 덮어 얹는 돌.	개선: 잘못된 점을 고치어 좋게 잘되게 함. 예生活改善(생활개선)

強	硬	講	壇	江	湖	皆	勤	蓋	石	改	善
강할 강	군을 경	강론할 강	단 단	강 강	호수 호	모두 개	부지런할 근	덮을 개	돌 석	고칠 개	착할 선

교육부선정자

오늘의 世界名言

♡ 인간은 본시 사회적인 존재여서, 동포의 고난을 무관하게 생각하여, 자기를 완전히 동포에서 떼어놓고 생각하지는 않는다.
힐티 : 스위스·사상가

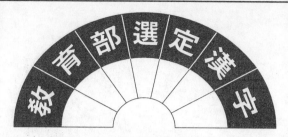

重要結構

교육부선정자

個性	開拓	更訂	距離	去就	健康
개성:다른 사람과 구별되는 그 사람만의 특성. 예個性創出(개성창출)	개척:거친 땅을 일구어 논밭을 만듦. 예開拓精神(개척정신)	갱정:책 따위의 내용을 고치어 바로 잡음.	거리:서로 떨어진 사이의 가깝고 먼 정도. 예距離測定(거리측정)	거취:①사람이 어느 곳을 향하는 동태. ②자신의 입장을 밝히어 취하는 태도.	건강:몸이 아무 탈이 없이 안녕하고 튼튼함. 예健康管理(건강관리)

個	性	開	拓	更	訂	距	離	去	就	健	康
낱 개	성품 성	열 개	넓힐 척	다시 갱	바로잡을 정	떨어질 거	떠날 리	갈 거	이를 취	굳셀 건	편안할 강
個	性	開	拓	更	訂	距	離	去	就	健	康

교육부선정자

오늘의 世界名言

♡ 인간은 원래 잘 믿는 반면에 잘 믿지 않기도 하며, 소심하면서도 대담한 면도 있다.

파스칼 : 프랑스 · 수학자 · 철학자 · 종교사상가

教育部選定漢字

重要結構

乾坤	儉素	檢疫	激奮	堅固	犬豚
건곤 : 주역에서의 두 가지 괘명. 하늘과 땅. 예乾坤一色(건곤일색)	검소 : 사치하지 아니하고 수수함. 낭비가 없고 검약함. 예儉素家風(검소가풍)	검역 : 전염병의 예방 목적으로 여행자 등에 대하여 검사하고 소독하는 일.	격분 : 어떤 좋지 못한 일로 격노하고 몹시 흥분함. 예激奮激憤(격분격분)	견고 : 굳세고도 단단함. 동요없이 확고함. 예堅固守備(견고수비)	견돈 : 개와 돼지. 매우 평범하고 용렬한 사람을 비유하여 이르는 말.
乾坤	儉素	檢疫	激奮	堅固	犬豚
사건 건 땅 곤	검소할 검 하얀 소	검사할 검 염병 역	격동할 격 떨칠 분	굳을 견 굳을 고	개 견 돼지 돈
乾坤	儉素	檢疫	激奮	堅固	犬豚

교육부선정자

오늘의 世界名言

♡ 인간은 대체로 내용보다도 외모를 통해서 사람을 평가한다. 누구나 다 눈은 가지고 있지만 통찰력을 가진 사람은 드물다.
마키아벨리 : 이탈리아 · 역사학자

教育部選定漢字

重要結構

絹織	結付	缺如	兼職	謙虛	頃刻
견직:「견직물」의 준말. 명주실로 짠 피륙. 例絹織原緞(견직원단)	결부:무엇을 서로 연관시킴. 어떤 일에 포함시킴. 例結付解決(결부해결)	결여:있어야 할 것이 모자라거나 빠져서 없음. 例資格缺如(자격결여)	겸직:본직 외에 다른 직무를 겸함. 例部長兼職(부장겸직)	겸허:자기를 낮추어 겸손함. 例謙虛態度(겸허태도)	경각:눈 깜박할 동안. 삽시간. 例刹那頃刻(찰나경각)
絹 織	結 付	缺 如	兼 職	謙 虛	頃 刻
비단 견 짤 직	맺을 결 줄 부	이즈러질 결 같을 여	겸할 겸 벼슬 직	겸손할 겸 빌 허	잠깐 경 새길 각

오늘의 世界名言

♡ 그대들이 높이 오르려고 한다면 자기 다리를 써라! 남이 들어 올리게 하지 말라! 남의 머리 위에 타지 말라!

니체 : 독일·시인·철학가

重要結構

교육부선정자

景概	經過	競技	京畿	傾斜	敬愛
경개 : 산이나 물 따위의 자연의 모습. 경치(景致). 예 山川景槪(산천경개)	경과 : ①시간이 지나감. ②시간이 지남에 따라 일어나 사물이 변하고 진행되는 과정.	경기 : 일정한 규칙 아래 기량과 기술을 겨루는 일. 예 運動競技(운동경기)	경기 : 서울을 중심으로 한 가까운 주위의 지역. 예 京畿道廳(경기도청)	경사 : 비스듬히 기울어짐. 또는 기울어진 정도. 예 傾斜角度(경사각도)	경애 : 공경하고 사랑함. 예 敬愛國民(경애국민)

景	槪	經	過	競	技	京	畿	傾	斜	敬	愛
빛 경	대개 개	경서 경	지날 과	다룰 경	재주 기	서울 경	경기 기	기울 경	비낄 사	공경 경	사랑 애

교육부선정자

오늘의 世界名言

♡ 인간이란 어리석기 짝이
없어, 오늘은 목숨이 있어도
내일은 어떻게 될지 모른다
는 것을 알지 못한다.
고르키 : 러시아 · 문호

重要結構

庚午		慶弔		輕重		溪谷		桂冠		啓蒙	
경오: 육십 갑자의 일곱째. 예庚午年 (경오년)		경조: ①경사스런 일과 궂은 일. ②경사를 축하하고 궂은 일을 위문하는 일.		경중: ①가벼움과 무거움. ②중요함과 중요하지 아니함. 예罪過輕重(죄과경중)		계곡: 물이 흐르는 산 골짜기. 예山中溪谷(산중계곡)		계관:「월계관(月桂冠)」의 준말. 예桂冠詩人(계관시인)		계몽: 지식 등의 수준이 낮은 사람을 깨우쳐 줌. 예啓蒙思想(계몽사상)	
庚	午	慶	弔	輕	重	溪	谷	桂	冠	啓	蒙
천간 경	낮 오	경사 경	조상할 조	가벼울 경	무거울 중	시내 계	골 곡	계수나무 계	갓 관	열 계	어릴 몽

오늘의 世界名言

♡ 어떠한 조건하에서도 인간은 진정한 인간으로써 인간에게 작용한다. 이것의 여하에 인류의 장래가 연결되어 있다.
슈바이처 : 프랑스·신학자

重要結構

교육부선정자

計算	契約	癸酉	季節	枯渴	苦杯
계산 : ①셈하여 헤아림. ②일의 득실을 따짐. ③답을 구함. 예計算錯誤(계산착오)	계약 : ①약정·약속. ②법률적 효과의 발생을 목적으로 하는 쌍방간의 합의 행위.	계유 : 육십 갑자의 열째. 예癸酉靖亂(계유정난)	계절 : 한 해를 봄·여름·가을·겨울로 구분한 시기. 예四季節(사계절)	고갈 : ①물이 말라서 없어짐. ②자원이나 재물 등이 바닥이 남. 예資源枯渴(자원고갈)	고배 : ①쓴 술잔. ②쓰라린 경험을 비유한 말. 예敗北苦杯(패배고배)

計	算	契	約	癸	酉	季	節	枯	渴	苦	杯
셈할 계	셈할 산	맺을 계	맺을 약	천간 계	닭 유	철 계	마디 절	마를 고	마를 갈	괴로울 고	잔 배

오늘의 世界名言

♡ 우리는 자기자신의 얘기를 할 때 많은 즐거움을 느끼지만 그것을 듣는 사람은 도무지 기쁜 일이 아니라는 것을 알아야 한다.
라 로슈푸코 : 프랑스 모랄리스트

重要結構

교육부선정자

顧問	姑婦	高尚	孤寂	古典	告知
고문: ①의견을 물음. ②물음을 받고 의견을 제공하는 직책. 예顧問推戴(고문추대)	고부: 시어머니와 며느리. 예姑婦葛藤(고부갈등)	고상: 높은 뜻과 몸가짐이 조촐하고 높아서 속됨이 없음. 예人格高尚(인격고상)	고적: 주위의 사방이 외롭고 쓸쓸함. 예孤寂寂寞(고적적막)	고전: 옛날에 만들어진 것으로 높이 평가되고 있는 예술 작품. 예古典的(고전적)	고지: ①게시·글을 통하여 알림. ②어떤 사실·의사를 상대에게 알리는 행위.
顧問	姑婦	高尚	孤寂	古典	告知
돌아볼 고	물을 문	시어미 고	지어미 부	높을 고	오히려 상	외로울 고	고요할 적	옛 고	법 전	고할 고	알 지

重要結構

오늘의 世界名言

♡ 우리는 우리들 자신을 어떻게 재발견하는 것일까. 어떻게 인간은 자기를 알 수 있을까. 그것은 어두워서 밝혀지지 않는 사실이다.
니체 : 독일·시인·철학가

교육부선정자

考察	鼓吹	故鄉	困窮	骨肉	公卿
고찰:생각하여 살핌. 상고하여 보살핌. 예史的考察(사적고찰)	고취:의견이나 사상 등을 열렬히 주장하여 불어넣음. 예思想鼓吹(사상고취)	고향:자기가 태어나고 자란 곳. 조상이 오래 누리어 살던 곳. 반他鄉(타향)	곤궁:가난하고 구차함. 예生計困窮(생계곤궁)	골육:뼈와 살. 부자(父子)나 형제 등의 육친(肉親). 예骨肉相爭(골육상쟁)	공경:①삼공(三公)과 구경(九經). ②고관(高官)의 총칭. 예公卿大夫(공경대부)
考 察	鼓 吹	故 鄕	困 窮	骨 肉	公 卿
상고할 고	살필 찰	북 고	불 취	연고 고	고을 향	곤할 곤	궁할 궁	뼈 골	고기 육	공변될공	벼슬 경

(빈 연습칸)

| 考 | 察 | 鼓 | 吹 | 故 | 鄕 | 困 | 窮 | 骨 | 肉 | 公 | 卿 |

교육부선정자

오늘의 世界名言

♡ 우리는 평범인에 지나지 않는다. 그러나 평범인이 되기 위한 노력은 보통인 이상으로 하고 있다.
F. 루즈벨트 : 미국·제32대대통령

重要結構

供給	恭惟	共存	恐怖	貢獻	寡聞
공급: 교환이나 판매 목적으로 상품 등을 제공함. 예需要供給(수요공급)	공유: 공경하여 생각함. 삼가 생각함.	공존: ①함께 존재함. ②함께 도우며 살아감. 예共存共榮(공존공영)	공포: 두렵고 무서움. 예納凉恐怖(납량공포)	공헌: 어떤 일이나 단체 등을 위해서 힘을 써 이바지함. 예貢獻度(공헌도)	과문: 견문이 좁음. 예寡聞理由(과문이유)
供	給	恭	惟	共	存	恐	怖	貢	獻	寡	聞
이바지 공	줄 급	공손할 공	생각할 유	함께 공	있을 존	두려울 공	두려워할 포	바칠 공	드릴 헌	적을 과	들을 문

오늘의 世界名言

♡ 인간은 단 한가지 생각으로 꽉 차있고 두 가지를 동시에 생각할 수는 없다. 우리가 신을 좇아 생각하는 것은 당연한 일이다.
파스칼 : 프랑스 · 수학자 · 철학자

重要結構

교육부선정자

果樹	誇張	科程	關係	貫斤	觀覽
과수：먹을 수 있는 열매를 거두기 위하여 가꾸는 나무. 예果樹園地(과수원지)	과장：어떤 사실이나 사물을 실지보다 크게 나타냄. 예誇張表現(과장표현)	과정：「학과과정(學科課程)」의 준말. 예科程履修(과정이수)	관계：둘 이상의 사물·현상·동작 등이 서로 얽힘. 예關係維持(관계유지)	관근：무게의 단위로써 1관은 3.75Kg. 1근은 600g. 예貫斤斗升(관근두승)	관람：연극·영화·운동 경기 따위를 구경함. 예映畵觀覽(영화관람)

果	樹	誇	張	科	程	關	係	貫	斤	觀	覽
과실 과	나무 수	자랑할 과	베풀 장	과목 과	과정 정	빗장 관	맬 계	관 관	근 근	볼 관	볼 람

오늘의 世界名言

♡ 우리는 전연 백지 상태로 인생의 여러 단계의 연령에 이른다. 그러므로 우리는 아무리 나이를 먹어도 경험의 부족을 느낀다.
라 로슈푸코 : 프랑스 모랄리스트

重要結構

慣例	寬裕	官廳	管絃	廣場	光輝
관례:습관처럼 된 선례(先例). 예國際慣例(국제관례)	관유:마음이 크고 너그러움. 예豊裕寬裕(풍유관유)	관청:국가 기관의 사무를 관장하는 청사. 예行政官廳(행정관청)	관현:관악기와 현악기. 예管絃樂團(관현악단)	광장:공공의 목적을 위하여 너르게 만든 마당. 예驛前廣場(역전광장)	광휘:눈이 부시도록 휘황하여 아름답게 빛나는 빛. 예光輝燦爛(광휘찬

慣	例	寬	裕	官	廳	管	絃	廣	場	光	輝
익숙할 관	법 례	관용 관	넉넉할유	벼슬 관	관청 청	대롱 관	악기줄 현	넓을 광	마당 장	빛 광	빛날 휘

오늘의 世界名言

♡ 허영심은 대개 자기의 가치에 대한 판단이 불확실한 데서 생기는 것이므로 항상 타인의 확인을 필요로 한다.

힐티 : 스위스 · 사상가

重要結構

교육부선정자

掛圖	巧妙	交涉	教育	校庭	矯正
괘도:벽 등에 걸어 놓고 보는 학습용 그림이나 지도. 예國史掛圖(국사괘도)	교묘:솜씨나 꾀 등이 재치가 있고 오묘함. 예巧妙方法(교묘방법)	교섭:어떤 일을 성사 시키기 위해서 서로 의논하고 절충함. 예交涉團體(교섭단체)	교육:인간의 심신과 인격과 학문 따위를 가르치고 지도하는 일. 예教育界(교육계)	교정:학교의 마당. 또는 운동장. 예學校校庭(학교교정)	교정:①틀어지거나 굽은 것을 곧게 바로잡음. ②교도소나 소년원 등의 업무.

掛	圖	巧	妙	交	涉	教	育	校	庭	矯	正
걸 괘	그림 도	공교할 교	묘할 묘	사귈 교	물건널 섭	가르칠 교	기를 육	학교 교	뜰 정	바로잡을 교	바를 정

교육부선정정자

오늘의 世界名言

♡ 인간이 정말로 저열(低劣)해지면 타인의 불행을 좋아하는 외에 아무런 흥미도 갖지 않게 된다.
피테 : 독일 · 시인 · 극작가

重要結構

拘禁	丘陵	口鼻	區域	俱全	救濟
구금: 피고인 또는 피의자를 구치소나 교도소 등에 가두어 신체를 구속하는 일.	구릉: 언덕. 例海岸丘陵(해안구릉)	구비: 사람이나 동물 등의 입과 코. 例耳目口鼻(이목구비)	구역: 갈라 놓은 지역이나 범위. 例配置區域(배치구역)	구전: ①없는 것 없이 넉넉함. ②이 것 저것 모두 다 갖추고 있음.	구제: 불행·재해 등을 만난 사람들을 도와 줌. 例支援救濟(지원구제)
잡을 구	금할 금	언덕 구	무덤 릉	입 구	코 비	구역 구	지경 역	함께 구	온전할 전	구원할 구	구제할 제

오늘의 世界名言

♡ 나는 인간다운 일은 무엇이라도 행한다. 왜냐하면 그 이상의 일을 하면 인간이 되지 않기 때문에.
－ 세익스피어 : 영국·시인·극작가

敎育部選定漢字

重要結構

構

교육부선정자

構造	苟且	驅逐	群島	軍糧	君臣
구조 : 몇 개의 재료를 얽어서 하나의 것으로 만듦. 예建物構造(건물구조)	구차 : 군색스럽고 구구함. 가난함. 예苟且辨明(구차변명)	구축 : 적이나 침략자 등을 몰아서 쫓아 냄. 예驅逐艦隊(구축함대)	군도 : 무리를 지어 흩어져 있는 크고 작은 섬들. 예多島群島(다도군도)	군량 : 군대의 양식. 군인들에게 먹일 양식. 예軍糧調達(군량조달)	군신 : 임금과 신하. 예君臣有義(군신유의)
構造	苟且	驅逐	群島	軍糧	君臣
얽을 구 / 지을 조	구차할 구 / 또 차	몰 구 / 쫓을 축	무리 군 / 섬 도	군사 군 / 양식 량	임금 군 / 신하 신

(연습칸)

構 造	苟 且	驅 逐	群 島	軍 糧	君 臣

오늘의 世界名言

♡ 인간은 박해를 가해올 것이라고 생각한 자로부터 은혜를 입으면 보다 강한 의리(義理)를 느낀다.

마키아벨리 : 이탈리아 역사학자 · 정치이론가

重要結構

교육부선정자

屈折	宮廷	勸誘	拳鬪	厥尾	龜鑑
굴절: 빛이나 소리가 휘어서 꺾임. 예屈折角度(굴절각도)	궁정: 궁궐. 궁중. 임금이 거처하는 집. 대궐. 예宮廷文學(궁정문학)	권유: 어떤 일 따위를 권하여 하도록 함. 예進學勸誘(진학권유)	권투: 양손에 글러브를 끼고 주먹으로 공격·방어하는 경기. 예拳鬪競技(권투경기)	궐미: 그 꼬리. 그것의 끝.	귀감: 거울삼아 본받을 만한 모범. 예他人龜鑑(타인귀감)

屈	折	宮	廷	勸	誘	拳	鬪	厥	尾	龜	鑑
굽을 굴	꺾을 절	궁궐 궁	조정 정	권할 권	꾀일 유	주먹 권	싸울 투	그 궐	꼬리 미	거북이 귀	살필 감

오늘의 世界名言

♡ 삶이 꿈이고 죽음이 깨달음이라면, 내가 다른 것으로부터 특별하게 취급을 받는 존재라고 생각하는 사실도 역시 꿈이다.
쇼펜하우어 : 독일·철학자

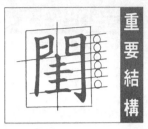

重要結構

교육부선정자

歸省	鬼神	貴賤	閨房	規範	克服
귀성 : 타향·객지에서 고향으로 돌아가거나 돌아옴. 例歸省人波(귀성인파)	귀신 : ①죽은 사람의 혼령. ②남보다 탁월한 재주가 있는 사람을 비유한 말.	귀천 : 귀함과 천함. 존귀함과 비천함. 例職業貴賤(직업귀천)	규방 : ①부녀자가 거처하는 방. ②안방. 例閨房文學(규방문학)	규범 : ①본보기. 법식(法式). ②행위·판단·평가 등의 기준이 되는 것.	극복 : 악조건이나 고생 따위를 이겨냄. 例早期克服(조기극복)

歸	省	鬼	神	貴	賤	閨	房	規	範	克	服
돌아올 귀	살필 성	귀신 귀	귀신 신	귀할 귀	천할 천	안방 규	방 방	법 규	법 범	이길 극	옷 복

교육부선정자

오늘의 世界名言

♡ 자기가 자신을 지켜야 한다. 「아니오」와 「예」를 똑똑히 말할줄 모르면 남들은 진정한 사실을 꿈에도 알아 주지 않는다.
· 카프카 : 독일 · 작가

重要結構

近郊	僅少	謹愼	根源	金塊	禽獸
근교 : 도시의 가까운 변두리에 있는 마을이나 들. 예首都近郊(수도근교)	근소 : 아주 적음. 아주 작은 차이. 예僅少差異(근소차이)	근신 : 일정기간 출근·등교 등을 아니하고 언행을 삼가함. 예謹愼處分(근신처분)	근원 : ①물줄기가 나오기 시작한 곳. ②사물이 비롯되는 본바탕. 예根源的(근원적)	금괴 : ①금덩이. ②금화의 거금. 예金塊奪取(금괴탈취)	금수 : 날짐승과 길짐승. 모든 짐승. 예禽獸魚鳥(금수어조)

近	郊	僅	少	謹	愼	根	源	金	塊	禽	獸
가까울 근	들 교	겨우 근	적을 소	삼가할 근	삼갈 신	뿌리 근	근심 원	쇠 금	흙덩이 괴	날짐승 금	길짐승 수

오늘의 世界名言
♡ 인생의 처음 사십년은 우리에게 「시험」을 준다. 그리고 이후 삼십년간은 「시험」에 대한 주석을 해 준다.
쇼펜하우어 : 독일·철학자

重要結構

교육부선정자

錦衣	急速	及第	豈敢	紀綱	機械
금의:비단으로 만든 고급스런 옷. 비단옷. 예錦衣還鄕(금의환향)	급속:사물의 발생이나 진행 등이 몹시 빠름. 예急速伸張(급속신장)	급제:①과거에 합격함. ②시험에 합격함. 예科擧及第(과거급제)	기감:어찌 감히.	기강:기율(紀律)과 법강(法綱). 예紀綱確立(기강확립)	기계:동력에 의해 어떤 운동을 일으켜 유용한 일을 하는 도구.

錦	衣	急	速	及	第	豈	敢	紀	綱	機	械
비단 금	옷 의	급할 급	빠를 속	미칠 급	차례 제	어찌 기	구태여 감	기강 기	벼리 강	틀 기	기계 계

교육부선정자

重要結構

오늘의 世界名言

♡ 삶이 비참한 것이면 참고 견디겠다. 만약 그것이 행복이라면 잃을 까 두렵다. 어느 것도 어려운 것은 마찬가지다.라
브르이에르 : 프랑스·모랄리스트

寄稿	騎馬	起伏	飢餓	奇巖	己巳
기고 : 신문·잡지 등에 신기 위하여 원고를 써서 보냄. 예匿名寄稿(익명기고)	기마 : ①말을 탐. ②타는 말. 예騎馬姿勢(기마자세)	기복 : ①자세의 높낮이. ②일어남과 엎드림. 예禍福起伏(화복기복)	기아 : 굶주림. 먹을 양식이 없어 굶주림. 예飢餓輸出(기아수출)	기암 : 기이하고 묘하게 생긴 바위. 예奇岩怪石(기암괴석)	기사 : 육십 갑자의 여섯째. 예己巳年(기사년)

寄	稿	騎	馬	起	伏	飢	餓	奇	巖	己	巳
붙을 기	볏짚 고	말탈 기	말 마	일어날 기	엎드릴 복	주릴 기	주릴 아	기이할 기	바위 암	몸 기	뱀 사

寄	稿	騎	馬	起	伏	飢	餓	奇	岩	己	巳

오늘의 世界名言

♡ 인생은 여러가지 색 유리로 만든 둥근 천정과 같이 흰빛을 발산한다. 죽음이 그것을 산산 조각으로 만들 때까지.
　셸리 : 프랑스 · 철학가

重要結構

교육부선정자

記憶	旣往	祈願	忌祭	基礎	其他
기억 : 인상이나 경험을 의식속에 간직하거나 다시 생각해냄. 예記憶力(기억력)	기왕 : 지금보다 이전. 이미. 이왕(已往). 예旣往之事(기왕지사)	기원 : 바라는 일이 이루어지기를 비는 것. 예無事祈願(무사기원)	기제 : 탈상 뒤에 해마다 죽은 날에 지내는 제사. 예忌祭祀(기제사)	기초 : 사물의 기본이 되는 토대. 예基礎工事(기초공사)	기타 : 어떤 사물들 이외의 또 다른 것. 예其他事項(기타사항)

記	憶	旣	往	祈	願	忌	祭	基	礎	其	他
기록할 기	생각할 억	이미 기	갈 왕	빌 기	원할 원	꺼릴 기	제사 제	터 기	주춧돌 초	그 기	다를 타

오늘의 世界名言

♡ 시간의 흐름에는 세 가지가 있다. 미래(未來)는 주저하면서 다가오고, 현재는 화살같이 날아가고, 과거는 영원히 정지하고 있다.
실러 : 독일·시인·극작가

重要結構

교육부선정자

期限	企劃	緊迫	吉凶	那邊	煖爐
기한:①미리 한정하여 놓은 시기.②어느 때까지로 기약함. 예期限約定(기한약정)	기획:어떤 목적하에 일을 꾸미어 계획함. 예企劃室長(기획실장)	긴박:몹시 급박함. 어떤 곳의 상황이 몹시 조급함. 예緊迫感(긴박감)	길흉:길함과 흉함. 좋은 일과 흉한 일. 예吉凶禍福(길흉화복)	나변:어디. 어느 곳. 원인의 곳. 예敗因那邊(패인나변)	난로:방안을 덥게 하는 기구. 스토브. 예石油煖爐(석유난로)

期	限	企	劃	緊	迫	吉	凶	那	邊	暖	爐
기약 기	한정 한	꾀할 기	그을 획	긴요할 긴	핍박할 박	길할 길	흉할 흉	어찌 나	변두리 변	따뜻할 난	화로 로

오늘의 世界名言

♡ 노동이 집안으로 들어오면 빈곤은 달아난다. 그러나 노동을 하지 않으면 빈곤이 창으로 뛰어든다.
　로벨트 라이니크 : 미국
　　　・정치가

重要結構

교육부선정자

欄干	爛熟	藍色	男湯	南向	納凉
난간:다리 또는 층계 등의 가장자리에 나무나 쇠로 가로질러 놓은 살대.	난숙:무르녹도록 익음. 더할나위없이 충분히 발달·성숙함.	남색:남빛. 푸른 빛과 자줏빛의 중간 빛. 쪽빛. 예藍色衣服(남색의복)	남탕:남자만이 사용할 수 있는 공중목욕탕. 예男湯脫衣(남탕탈의)	남향:남쪽으로 향함. 주택 등이 남쪽으로 향해 있음. 예南向住宅(남향주택)	납량:여름철에 더위를 피하여 서늘함을 맛봄. 예納凉特輯(납량특집)
欄干	爛熟	藍色	男湯	南向	納凉
난간 란	방패 간	빛날 란	익을 숙	푸를 람	빛 색	사내 남	끓일 탕	남녘 남	향할 향	들일 납	서늘할 량

교육부선정정자

오늘의 世界名言

♡ 슬픔이란 뇌운(雷雲)과 같아서, 멀리서 보면 시커멓다. 그러나 그것이 머리 위로 올 때에는 회색 빛이 된다.

잔 파울 리히터 : 독일·작가

重要結構

内陸	乃至	奈何	冷凍	努力	奴婢
내륙 : 바다에서 멀리 떨어진 지대. 육지(陸地). 예内陸地方(내륙지방)	내지 : 수량 등의 사이에 쓰이는 말로 얼마에서 얼마까지의 뜻을 나타내는 말.	내 하 : 어찌 함. 예奈何何等(내하하등)	냉동 : 생선·채소·육류 등을 신선하게 보관하기 위하여 인공적으로 얼림.	노력 : 힘을 들이고 애를 씀. 또는 어떤 곳에 들인 힘. 예忍耐努力(인내노력)	노비 : 사내종과 계집종의 총칭. 종. 예奴婢文書(노비문서)

内	陸	乃	至	奈	何	冷	凍	努	力	奴	婢
안 내	물 륙	이에 내	이를 지	어찌 내	어찌 하	찰 랭	얼 동	힘쓸 노	힘 력	종 노	계집종 비
门人	丬坴乚	丿乃	云ㅣ乚	一人示	亻可	丬人ㅊ	冫柬八	乚一刀力	刀丿	乚一又	乚一曰ㄴ

内	陸	乃	至	奈	何	冷	凍	努	力	奴	婢

오늘의 世界名言

♡ 음주는 일시적인 자살이다. 음주가 주는 행복은 오직 소극적인 것, 불행의 일시적인 중절에 지나지 않다.
러셀 : 영국·철학자·평론가

重要結構

교육부선정자

怒潮	鹿角	綠豆	錄音	論之	濃墨
노조 : 힘차게 밀어닥치는 조류(潮流). 예怒潮大軍(노조대군)	녹각 : 사슴의 뿔. 한방에서 약재로 쓰이는 녹용의 원료. 예鹿角鹿茸(녹각녹용)	녹두 : 콩과의 한해살이 재배 식물. 열매는 팥보다 작고 녹색임. 예綠豆豆太(녹두두태)	녹음 : 영화 필름·레코드·테이프 등에 소리를 기록하여 넣음. 예錄音放送(녹음방송)	논지 : 따지어 말함. 사리를 판단하여 설명함.	농묵 : 걸쭉하고 진한 먹물. 짙은 먹물.

怒	潮	鹿	角	綠	豆	錄	音	論	之	濃	墨
성낼 노	조수 조	사슴 록	뿔 각	초록빛 록	콩 두	기록할 록	소리 음	의논할 론	갈 지	짙을 농	먹 묵

오늘의 世界名言

♡ 인간은 자기를 동물보다 약간 나은 생물로서 인정하기 위해 얼마나 어리석은 자부심의 노예가 되고 맹인이 되고 있을까.

모파상 : 프랑스·소설가

重要結構

교육부선정자

累卯	屢朔	漏電	能率	團束	但只
누란:쌓거나 포개 놓은 알이란 뜻으로 매우 위태한 형편. 예累卵之勢(누란지세)	누삭:여러 달. 누월(屢月).	누전:전기 기구의 전류가 다른 곳으로 새어 흐름. 예漏電火災(누전화재)	능률:일정한 시간에 어떤 것을 해낼 수 있는 일의 비율. 예能率效果(능률효과)	단속:①주의를 기울이어 다잡거나 보살핌. ②규칙 등을 지키도록 통제함.	단지:다만. 겨우. 오직. 예但只參席(단지참석)

累	卯	屢	朔	漏	電	能	率	團	束	但	只
여러 루	알 란	자주 루	초하루 삭	샐 루	번개 전	능할 능	헤아릴 률	둥글 단	묶을 속	다만 단	다만 지

오늘의 世界名言

♡ 인생은 아침이 되면 시들고, 다치기만 해도 떨어지는 풀이나 꽃이다. 약한 바람으로도 꺼져버리는 등불인 것이다.
  아미엘 : 스위스 · 문학자

重要結構

교육부 선정자

擔保	淡彩	畓農	踏襲	黨員	隊列
담보: ①맡아서 보증함. ②채무자가 채무 이행을 못할 경우를 대비해 맡기는 것.	담채: 엷게 색칠한 채색. 엷은 채색. 예淡彩水彩(담채수채)	답농: 논농사. 논에 씨앗을 뿌려 농작물을 기르는 농사. 예田農畓農(전농답농)	답습: ①뒤를 이어 맡음. ②옛것을 좇아 그대로 함. 예踏襲前轍(답습전철)	당원: 당파를 이룬 사람들. 곧 그 당의 당적을 가진 사람. 예黨員加入(당원가입)	대열: 대를 지어 죽 늘어선 행렬. 예行軍隊列(행군대열)

擔	保	淡	彩	畓	農	踏	襲	黨	員	隊	列
질 담	보전할 보	붉을 담	무늬 채	논 답	농사 농	밟을 답	엄습할 습	무리 당	인원 원	떼 대	벌일 렬

重要結構

오늘의 世界名言

♡ 나는 인생을 밖에서 보는 사람들의 명쾌한 논증보다는 생활 속에서 관망하는 사람의 공상, 나아가서는 편견까지도 존중한다.

체스터튼 : 영국·언론인

교육부선정자

待遇	對替	大韓	陶器	跳梁	桃李
대우: 예의를 갖추어 대함. 직장 등에서 지위·봉급 따위의 수준. 예特待遇(특대우)	대체: 어떤 계정의 금액을 다른 계정으로 옮기어 적는 것. 예對替計定(대체계정)	대한: 「대한제국」 또는 「대한민국」의 준말. 예大韓健兒(대한건아)	도기: 오지 그릇. 약간 구운 다음 오짓물을 입혀 다시 구운 질그릇.	도량: 거리낌 없이 함부로 날뛰어 다님. 예跳梁挑戰(도량도전)	도리: 복숭아와 자두. 또는 그 꽃이나 열매. 예桃李梨花(도리이화)
待 遇	對 替	大 韓	陶 器	跳 梁	桃 李
기다릴 대 / 만날 우	대할 대 / 바꿀 체	큰 대 / 나라 한	질그릇 도 / 그릇 기	뛸 도 / 들보 량	복숭아 도 / 오얏 리

오늘의 世界名言

♡ 사랑은 깨닫지 못하는 사이에 찾아든다. 우리들은 다만 그것이 사라져가는 것을 바라볼 뿐이다.
　　도브슨 : 영국·시인

都賣	道義	盜賊	挑戰	到着	倒置
도매 : 물건 등을 도거리로 팖. 예都賣商街(도매상가)	도의 : 사람이 마땅히 행해야 할 도덕적 의리. 예人間道理(인간도리)	도적 : 도둑. 남의 물건을 훔치거나 빼앗는 나쁜 짓. 또는 그 사람.	도전 : ①정면으로 맞서 싸움을 걺. ②어려움 따위에 맞섬. 예挑戰精神(도전정신)	도착 : 목적한 곳의 행선지(行先地)에 다다름. 예到着時間(도착시간)	도치 : 차례 또는 위치가 뒤바뀜. 또는 그리 되게 함. 예倒置構文(도치구문)
都 賣	道 義	盜 賊	挑 戰	到 着	倒 置
도읍 도　팔 매	길 도　옳을 의	도둑 도　도둑 적	돋을 도　싸움 전	이를 도　붙을 착	넘어질 도　둘 치

오늘의 世界名言

♡ 연애란 두 사람이 일체가 되는 것이며, 한 남자와 한 여자가 한 천사가 되는 것이다. 그것은 천국이다.

위고 : 프랑스·시인·소설가

重要結構

교육부선정자

逃避	渡航	毒蛇	敦篤	洞里	冬柏
도피 : 도망하여 몸을 피함. 현실에 뜻이 맞지 않아 피함. 예逃避生活(도피생활)	도항 : 배로 바다를 건너감. 예大洋渡航(대양도항)	독사 : 독이 있는 뱀. 예毒蛇操心(독사조심)	돈독 : 인정이 서로 두터움. 돈후(敦厚). 예友愛敦篤(우애돈독)	동리 : ①지방 행정 구역상의 동(洞)과 리(里). ②시골의 마을. 예故鄕洞里(고향동리)	동백 : ①동백나무의 열매. ②「동백나무」의 준말 예冬柏柏子(동백백자)

逃	避	渡	航	毒	蛇	敦	篤	洞	里	冬	柏
달아날 도	피할 피	건널 도	배 항	독할 독	뱀 사	두터울 돈	두터울 독	고을 동	마을 리	겨울 동	잣나무 백
逃	避	渡	航	毒	蛇	敦	篤	洞	里	冬	柏

오늘의 世界名言

♡ 사랑이란, 하늘로 우리를 이끌어가는 별이며, 메마른 황야에 있는 녹색의 한점이며, 회색의 모래 속에 섞인 한 알의 금이다.
　　　할름 :독일·시인

重要結構

교육부선정자

東西	同胞	頭腦	斗升	鈍才	等級
동서：①동쪽과 서쪽. 동양과 서양. ②공산권과 자유진영. 예東西古今(동서고금)	동포：①형제 자매. 동기(同氣). ②같은 겨레. 예在美同胞(재미동포)	두뇌：사물을 슬기롭게 판단하고 인식하는 힘. 예明晳頭腦(명석두뇌)	두승：곡식 등의 양을 재는 단위로 말과 되. 예貫斤斗升(관근두승)	둔재：재주가 둔함. 또는 그러한 사람. 예鈍才努力(둔재노력)	등급：높고 낮음, 좋고 나쁨 등의 차이를 여럿으로 구별한 급수. 예等級別(등급별)

東	西	同	胞	頭	腦	斗	升	鈍	才	等	級
동녘 동	서녘 서	한가지 동	태 포	머리 두	머릿골 뇌	말 두	되 승	무딜 둔	재주 재	무리 등	등급 급

교육부선정자

오늘의 世界名言

♡ 사랑은 타오르는 불길이며, 앞을 비추는 광명이라야 한다. 타오르는 사랑은 흔하다. 그러나 불길이 꺼지면 무엇에 의지할 것인가.
바이런 : 영국·낭만파 시인

重要結構

莫逆	萬般	蠻夷	滿足	罔極	茫漠
막역:서로 허물없이 매우 친하게 지내는 사이 예莫逆親舊(막역친구)	만반:관계되는 모든 사항. 온갖 것. 빠짐없이 전부. 예萬般準備(만반준비)	만이:옛 중국인들이 남·동쪽에 사는 다른 종족을 오랑캐라고 이르던 말.	만족:어떤 상황 따위로 마음이 흡족한 상태. 예滿足充足(만족충족)	망극:어버이나 임금의 은혜가 그지없거나 슬픔의 정도가 그지없음.	망막:①멀고도 넓음. ②또렷한 한계가 없이 아득함. 예茫漠處地(망막처지

莫	逆	萬	般	蠻	夷	滿	足	罔	極	茫	漠
없을 막	거스릴 역	일만 만	일반 반	오랑케 만	오랑케 이	찰　만	발　족	없을 망	지극할 극	망망할 망	사막 막

오늘의 世界名言

♡ 그 여성이 남자였다면 틀림없이 친구로 선택하리라고 생각되는 여자가 아니면 결코 아내로 선택해서는 안된다.
쥬베르 : 프랑스·모랄리스트

重要結構

교육부선정자

妄辯	忘恩	媒介	梅蘭	埋藏	賣盡
망변: 망령되거나 조리에 닿지 아니하게 변론함. 예日人妄辯(일인망변)	망은: 지난날 입은 은혜를 잊음. 그 은혜를 모름. 예忘恩背信(망은배신)	매개: 중간에서 양편의 관계를 맺어주는 사물. 예媒介物質(매개물질)	매란: 매화와 난초. 예松竹梅蘭(송죽매란)	매장: ①광물·보물 따위가 묻히어 있음. ②묻어서 감춤. 예埋藏物量(매장물량)	매진: 극장표나 기차표 따위가 남김없이 다 팔림. 예賣票賣盡(매표매진)

妄	辯	忘	恩	媒	介	梅	蘭	埋	藏	賣	盡
망령될 망	말잘할 변	잊을 망	은혜 은	중매 매	낄 개	매화 매	난초 란	묻을 매	감출 장	팔 매	다할 진

오늘의 世界名言

♡ 진실한 사랑에 빠진 남자는 그 애인 앞에서 어쩔줄 몰라 제대로 사랑을 고백하지도 못한다.

칸트 : 독일 · 철학자

重要結構

盲

교육부선정자

每回	盲點	猛虎	綿絲	勉學	滅裂
매회 : 매번(每番). 한 회마다. 예每回賣盡(매회매진)	맹점 : 미처 알아차리거나 깨닫지 못한 허점(虛點). 예盲點把握(맹점파악)	맹호 : 몹시 사나운 범. 예猛虎部隊(맹호부대)	면사 : 방직에 쓰는 겹드리지 아니한 무명실. 목면사(木綿絲). 예綿絲紡績(면사방적)	면학 : 학문에 힘씀. 힘써 배움. 예勉學督勵(면학독려)	멸렬 : 찢기고 흩어져 완전히 형태를 잃어버림. 예支離滅裂(지리멸렬)

每	回	盲	點	猛	虎	綿	絲	勉	學	滅	裂
매양 매	돌아올 회	소경 맹	점 점	사나울 맹	범 호	솜 면	실 사	힘쓸 면	배울 학	멸할 멸	찢을 렬
每	回	盲	點	猛	虎	綿	絲	勉	學	滅	裂

오늘의 世界名言

♡ 연애란 예술처럼, 그것이 어떻게 해서 실현되는지 말로 표현하지 못하는 자가 가장훌륭하게 실행한다.

바파리 : 프랑스·극작가

重要結構

교육부선정자

命令	冥府	明暗	某娘	毛髮	模倣
명령 : 윗사람이 아랫사람에게 지시하거나 시키는 것. 예命令下達(명령하달)	명부 : 불가(佛家)에서 말하는 저승을 일컬음. 예九泉冥府(구천명부)	명암 : ①밝음과 어둠. ②행과 불행. ③기쁨과 슬픔. ④호화 등에서 색의 농담(濃淡).	모낭 : 아무개 낭자. 예某氏某娘(모씨모낭)	모발 : ①사람의 머리털. ②사람 몸에 있는 터럭의 총칭. 예毛髮染色(모발염색)	모방 : 다른 것을 본뜨거나 본받음. 예流行模倣(유행모방)

命	令	冥	府	明	暗	某	娘	毛	髮	模	倣
목숨 명	명령할 령	어두울 명	마을 부	밝을 명	어두울 암	아무 모	각시 낭	털 모	머리털 발	법 모	본받을 방
人命	人令	冖冥	广府	日明	日暗	甘某	女娘	毛	髟髮	木模	亻倣

命	令	冥	府	明	暗	某	娘	毛	髮	模	倣

교육부선정자

오늘의 世界名言

♡ 연애는 어느 면에서 야수(野獸)를 인간으로 만들고 다른 면에서는 인간을 야수로 만든다.
세익스피어 : 영국·시인·극작가

重要結構

謀士	矛盾	貌樣	募集	沐浴	牧畜
모사: 어떤 상황에서 꾀를 내어 일이 잘 이루어지게 하는 사람. 책사(策士).	모순: 서로 대립하여 양립하지 못하는 상태. 예)矛盾論理(모순논리)	모양: 겉으로 나타나는 생김새나 형상·모습·차림새·맵시 따위의 생김새.	모집: 조건에 맞는 사람이나 작품 따위를 구하여 모음. 예)人才募集(인재모집)	목욕: 온 몸에 물을 적셔서 씻는 일. 예)沐浴齋戒(목욕재계)	목축: 영농(營農)의 일부로써 소·돼지·양 등의 가축을 기르는 일. 예)牧畜業(목축업)
꾀할 모	선비 사	창 모	방패 순	모양 모	모양 양	뽑을 모	모을 집	머리감을 목	목욕할 욕	기를 목	가축 축

오늘의 世界名言

♡ 에로스는 모든 신 중에서 인간의 최대의 벗이며, 인류의 구조자이며, 모든 고뇌를 치료하는 의사이다.
　플라톤 : 그리스 · 철학자

重要結構

교육부선정자

夢遊	苗板	無妨	霧散	茂盛	貿易
몽유: 꿈속에서 놂. 몽유병이 있는 사람이 꿈속에서 노니는 것처럼 배회함.	묘판: 볍씨를 뿌리어 모를 기르는 모판. 못자리. 예苗床苗板(묘상묘판)	무방: 거리낄 것이 없음. 해로울 것이 없음. 괜찮음. 예參席無妨(참석무방)	무산: 안개가 걷히듯 흩어져 없어짐. 無效(무효)가 됨. 예計劃霧散(계획무산)	무성: 나무나 풀 따위가 많이 나서 빽빽히 우거짐. 예草木茂盛(초목무성)	무역: 국내외에 상품 등을 교환 · 매매하는 경제적 활동. 예貿易收支(무역수지)

夢	遊	苗	板	無	妨	霧	散	茂	盛	貿	易
꿈 몽	놀 유	싹 묘	널 판	없을 무	방해할 방	안개 무	흩을 산	무성할 무	성할 성	무역할 무	바꿀 역

오늘의 世界名言

♡ 애인들 사이의 싸움에서, 자기가 더 잘 못했다고 언제나 인정하려고 하는 것은 가장 강하게 사랑하고 있음이다.

스코트 : 영국·소설가·시인

重要結構

교육부선정자

戊辰	門衆	文化	勿驚	眉間	微小
무진: 육십 갑자의 다섯째. 예戊辰年(무진년)	문중: 한 종문(宗門)에 속하는 사람들. 종가의 문중(門中). 예門衆門中(문중문중)	문화: 진리를 구하고 진보·향상을 꾀하는 인간의 물질적·정신적 소산의 총체.	물경: 「놀랍게도」의 뜻으로 어떤 엄청난 것을 말할 때 내세우는 말.	미간: 사람이나 동물의 두 눈썹 사이. 「양미간(兩眉間)」의 준말.	미소: 아주 작음. 아주 미미하게 작음. 예微小微少微笑(미소미소미소)

戊	辰	門	衆	文	化	勿	驚	眉	間	微	小
천간 무	별 진	문 문	무리 중	글월 문	될 화	말 물	놀랄 경	눈썹 미	사이 간	작을 미	작을 소
丿乀八	乛乚乀	冂冂二	血仈	二丿八	亻七乚	勹丿丿	苟敬馬	尸丿冂三	冂冂二	彳散	小八
戊	辰	门	衆	文	化	勿	驚	眉	间	微	小

오늘의 世界名言

♡ 사랑은 맹목적이다. 그러므로, 연인들은 그들이 범하는 조그마한 실수가 눈에 띄지 않는다.

세익스피어 : 영국·시인·극작가

教育部選定漢字

重要結構

教育部선정자

美術	迷惑	民謠	蜜蜂	拍掌	叛徒
미술:미(美)를 조형적으로 형상화하는 그림·조각·건축·공예 따위의 예술.	미혹:무엇에 흘려서 정신을 차리지 못함. 🕮誘惑迷惑(유혹미혹)	민요:민중 속에서 자연적으로 발생하여 전하는 한 민족의 감성을 나타낸 노래.	밀봉:꿀벌. 꿀벌과의 곤충. 몸빛은 어두운 갈색이며 날개는 회고 투명함.	박장:손바닥을 침. 손바닥을 맞부딪침. 🕮拍掌大笑(박장대소)	반도:반란을 꾀하거나 그 일에 참여한 무리. 🕮叛徒降服(반도항복)
美	術	迷	惑	民	謠	蜜	蜂	拍	掌	叛	徒
아름다울 미	재주 술	미혹할 미	의혹 혹	백성 민	노래 요	꿀 밀	벌 봉	칠 박	손바닥 장	배반할 반	무리 도

교육부선정자

오늘의 世界名言

♡ 사람은 증오로서 많은 일을 할 수 있다. 그러나 사랑에 의해서 더 많은 일을 할 수 있다.
　세익스피어·영국·시인·극작가

教育部選定漢字

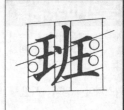

重要結構

班常	返送	飯店	發祥	傍系	芳草
반상: 양반과 상민(常民). 양반과 일반 평민. 예班常嫡庶(반상적서)	반송: 도로 돌려보냄. 환송(還送). 예書類返送(서류반송)	반점:「식당(食堂)」의 중국식 일컬음. 예中國飯店(중국반점)	발상: 상서로운 일이나 행복의 조짐이 나타남. 문화 등이 처음으로 일어난 곳.	방계: 직계(直系)에서 갈라져 나온 계통. 예傍系會社(방계회사)	방초: 꽃다운 풀. 향기로운 풀. 예綠陰芳草(녹음방초)

班	常	返	送	飯	店	發	祥	傍	系	芳	草
나눌 반	항상 상	돌아올 반	보낼 송	밥 반	가게 점	필 발	상서로울 상	결 방	이을 계	꽃다울 방	풀 초

오늘의 世界名言

♡ 우정은 평등한 사람간의 사리없는 거래다. 사랑은 폭군과 노예간의 비열한 교섭이다.

－ 골드스미스 : 영국·시인

敎 育 部 選 定 漢 字

重要結構

配

교육부선정자

排球	倍數	配偶	伯仲	煩惱	繁昌
배구: 손만을 써서 공을 네트로 넘겨 상대팀의 실책을 유도하는 구기.	배수: 갑절이 되는 수. 배가 되는 수나 수량. 예倍數倍加(배수배가)	배우: 배필(配匹). 부부로서의 짝. 예配偶者(배우자)	백중: 재주·기술 따위가 서로 엇비슷하여 우열을 가리기가 어려움.	번뇌: 마음이 어떤 번거로움에 시달려 괴로워 하는 상태. 예煩惱葛藤(번뇌갈등)	번창: 어떤 일이 한창 잘되어 번성함. 예事業繁昌(사업번창)

排球	倍數	配偶	伯仲	煩惱	繁昌
물리칠 배	구슬 구	곱 배	셀 수	짝 배	짝 우	만 백	버금 중	번거로울 번	번뇌할 뇌	성할 번	창성할 창

(아래는 필순·연습 칸)

| 排 | 球 | 倍 | 数 | 配 | 偶 | 伯 | 仲 | 頻 | 惱 | 繁 | 昌 |

教育部選定漢字

重要結構

教育部선정자

翻譯	汎濫	犯罪	碧海	辨別	變遷
번역: 어떤 언어의 글을 다른 언어의 글로 옮김. 예日語 飜譯(일어번역)	범람: ①물이 넘쳐 흐름. ②바람직하지 못한 일들이 마구 쏟아져 나와 나돎.	범죄: 법에 어긋나는 나쁜 일이나 죄를 저지름. 예犯罪 申告(범죄신고)	벽해: 짙푸른 바다. 예島嶼碧海(도 서벽해)	변별: ①시비(是 非)·선악(善惡)을 가 림. ②분별(分別). 예 辨別學習(변별학습)	변천: 세월의 흐름 으로 변하여 바뀜. 예歷史變遷(역사변 천)

翻	譯	汎	濫	犯	罪	碧	海	辨	別	變	遷
번역할 번	통역할 역	넘칠 범	넘칠 람	범할 범	허물 죄	푸를 벽	바다 해	분별할 변	다를 별	변할 변	옮길 천

오늘의 世界名言

♡ 우정이란 인간사회의 커다란 사슬이다. 그리고 편지는 그 사슬의 가장 중요한 고리의 하나이다.
제임스 호오엘 : 영국·지질학자

重要結構

교육부 선정자

丙寅	病蟲	補償	普遍	復舊	福券
병인:육십 갑자의 셋째. 예丙寅洋擾(병인양요)	병충:병해(病害)를 일으키는 벌레. 예病蟲害防除(병충해방제)	보상:남에게 끼친 손해를 갚음. 열등의식의 심신에 보충하려고 하는 마음의 작용	보편:모든 것에 두루 미치거나 통함. 예普遍安當(보편타당)	복구:①그 전의 상태로 회복함. ②손실을 회복함. 예復舊事業(복구사업)	복권:제비를 뽑아 당첨되면 상금이나 그밖의 이득을 받게되는 표찰 따위.
丙	寅	病	蟲	補	償	普	遍	復	舊	福	券
남녘 병	범 인	병들 병	벌레 충	도울 보	갚을 상	넓을 보	두루 편	다시 복	옛 구	복 복	문서 권
丁丙人	宀ㅋ튼	ㄱ疒人	虫虫虫	衤行礻	亻尚ㅌ	并ㄴㄲ	扁ㅠ元	彳ㅍ久	艹ㅌ臼	礻月ㄸ	业人刀

| 丙 | 寅 | 病 | 虫 | 補 | 償 | 普 | 遍 | 復 | 舊 | 福 | 券 |

오늘의 世界名言

♡ 결코 당신보다 마음이 가
난한 사람과는 친구가 되지
말라. 이 한 마디를 평생을
통한 황금률로 삼으라.
더글라스 제롤드 : 영국·시인

教育部選定漢字

重要結構

複

교육부선정자

複寫	奉仕	封鎖	鳳鶴	否決	賦課
복사:문서·그림 등을 같은 크기, 또는 확대·축소하여 복제하는 일	봉사:국가·사회, 또는 남 등을 위해 자신을 돌보지 아니하고 애를 씀.	봉쇄:문이나 출입구 막음. 예封鎖遮斷(봉쇄차단)	봉학:봉황(鳳凰)과 백학(白鶴)인 두루미.	부결:의논하고 안건에 대하여 옳지 아니하다고 하는 결정. 예否決案件(부결안건)	부과:세금·부담금 등을 매기어 부담하게 함. 예科稅賦課(과세부과)

複	寫	奉	仕	封	鎖	鳳	鶴	否	決	賦	課
겹칠 복	베낄 사	받들 봉	벼슬 사	봉할 봉	쇠사슬 쇄	새 봉	학 학	아니 부	정할 결	구실 부	매길 과
衤怎久	宀三夕冖	三人三	亻一一	土土寸	쇠스쏘뗬	几鳥灬	깍刂鳥	丆小口	氵冫人	冂丰貝小	訓昰貝小
複	寫	奉	仕	封	鎖	鳳	鶴	否	決	賦	課

오늘의 世界名言

♡ 우정이란, 통째가 아니면 주어질 수 없거나 되찾을 수 없는 완전한 신뢰를 예상하고 있다.

모로아 : 프랑스 · 소설가

重要結構

교육부선정자

不當	浮浪	父母	附屬	扶養	赴任
부당:어떤 일이나 처사(處事) 등이 이치에 맞지 아니함. 예不當利得(부당이득)	부랑:일정한 주거나 직업이 없이 떠돌아다님. 예浮浪者(부랑자)	부모:아버지와 어머니. 양친. 예父母兄弟(부모형제)	부속:①주되는 사물에 딸려서 붙음. ②「부속품」의 준말. 예附屬品(부속품)	부양:병약한 아이와 노인 등 생활 능력이 없는 사람의 생활을 돌봄.	부임:임명을 받아 근무할 임지로 감. 예赴任敎授(부임교수)
不當	浮浪	父母	附屬	扶養	赴任
아닐 부 / 마땅할 당	뜰 부 / 물결 랑	아비 부 / 어미 모	붙을 부 / 붙을 속	도울 부 / 기를 양	다다를 부 / 맡길 임

오늘의 世界名言

♡ 진심에서 나오는 말만이 사람의 마음을 움직일 수 있고, 밝은 양심에서 나오는 말만이 사람의 마음을 꿰뚫는다.
월리엄 펜 : 영국·신대륙 개척자

重要結構

교육부선정자

副題	腐敗	符號	北緯	憤慨	粉末
부제: 주가 되는 제목에 덧붙이는 부제목. 서브·타이틀. 예 主題副題(주제부제)	부패: ①부패균에 의해 유독 물질을 발생함. ②문란하고 정신이 타락함.	부호: 어떤 뜻을 나타내기 위하여 정한 기호나 표시. 예文章符號(문장부호)	북위: 적도 이북의 위도. 적도를 0°로 하여 남북으로 90°로 나눈 북의 가로로 된 좌표.	분개: 어떤 일로 몹시 분하게 여김. 몹시 화를 냄. 예 蠻行憤慨(만행분개)	분말: 곡식, 또는 돌·약재 따위의 가루. 예粉末加工(분말가공)

副	題	腐	敗	符	號	北	緯	憤	慨	粉	末
버금 부	제목 제	썩을 부	패할 패	부신 부	부를 호	북녘 북	씨 위	분할 분	분할 개	가루 분	끝 말

오늘의 世界名言

♡ 정신의 결합도 육체의 결합과 같다. 아무리 고치려고 해도 상처는 항상 나타나서 언제 다시 돋칠지 몰라 조마조마해 한다.
플라톤 : 그리스 · 철학자

重要結構

교육부선정자

奔忙	墳墓	分析	紛爭	佛塔	崩壞
분망 : 어떤 일로 쉴 사이 없이 몹시 바쁨. 예奔忙奔走(분망분주)	분묘 : 무덤. 묘. 예墳墓參拜(분묘참배)	분석 : 어떤 현상이나 사물 따위를 분해하여 성분 등을 개별적으로 갈라냄.	분쟁 : 말썽을 일으키어 시끄럽게 다툼. 예勞使紛爭(노사분쟁)	불탑 : 절에 세운 탑. 절에 세워진 탑. 예寺址佛塔(사지불탑)	붕괴 : 언덕이나 땅 등이 허물어져 무너짐. 예崩壞慘事(붕괴참사)

奔	忙	墳	墓	分	析	紛	爭	佛	塔	崩	壞
달아날 분	바쁠 망	무덤 분	무덤 묘	나눌 분	쪼갤 석	어지러울분	다툴 쟁	부처 불	탑 탑	무너질 붕	무너질 괴

오늘의 世界名言

♡ 우리의 첫째 의무는 우리 자신의 자유를 수호하고, 또한 세계의 모든 자유를 위해서 힘쓰는 데 있다.

트루만 : 미국·제33대 대통령

重要結構

교육부선정자

比較	肥料	飛龍	碑銘	秘密	非凡
비교 : 둘 이상의 사물을 서로 견주어 고찰함. 예比較分析(비교분석)	비료 : 식물을 잘 기르기 위하여 경작지에 뿌려 주는 물질. 예化學肥料(화학비료)	비룡 : 천상으로 날아오르는 용.	비명 : 묘비의 앞면에 새기어 놓은 글. 예碑銘弔詞(비명조사)	비밀 : ①숨기어 남에게 알리지 않는 일. ②남 몰래 함. 예秘密保障(비밀보장)	비범 : 보통 수준보다 훨씬 뛰어남. 또는 그러한 사람. 예非凡人物(비범인물)

比	較	肥	料	飛	龍	碑	銘	秘	密	非	凡
견줄 비	비교할 교	살찔 비	헤아릴 료	날 비	용 룡	비석 비	새길 명	숨길 비	빽빽할 밀	아닐 비	상할 범

오늘의 世界名言

♡ 나는 운명의 목을 조르고 싶다. 어떤 일이 있어도 운명에 짓눌리고 싶지 않다.
　베에토벤 : 독일 · 작곡가

重要結構

教育部選定字

批評	頻度	貧富	氷壁	射擊	邪見
비평 : 사물의 미추 · 선악 · 장단 · 시비를 평가하여 판단함. 예評價批評(평가비평)	빈도 : 같은 현상이 되풀이 되는 도수. 「빈도수」의 준말. 예使用頻度(사용빈도)	빈부 : 가난함과 부유함. 가난과 부자. 예貧富貴賤(빈부귀천)	빙벽 : ①빙산의 벽. ②얼음이나 눈에 덮인 낭떠러지. 예氷壁登攀(빙벽등반)	사격 : 대포 · 총 · 활 등을 쏨. 예射擊中止(사격중지)	사견 : 옳지 못한 생각. 요사스럽고 바르지 못한. 의견. 예邪惡邪見(사악사견)

批	評	頻	度	貧	富	氷	壁	射	擊	邪	見
비평할 비	평론할 평	자주 빈	법 도	가난할 빈	부자 부	얼음 빙	벽 벽	쏠 사	칠 격	간사할 사	볼 견
小七七	七言可	刊少页	广厅又	八分貝	宀缶二	小氺	弓辟土	门扌寸、	重多与	日阝	门目儿
批	評	頻	度	貧	富	氷	壁	射	擊	邪	見

오늘의 世界名言

♡ 학문과 예술이란 폐와 심장과 같이 상조한다. 둘 중 하나를 손상시키면 다른 것도 안정을 잃는다.
　톨스토이 : 러시아 · 작가

重要結構

교육부선정자

斯界	沙工	詐欺	死亡	思索	辭讓
사계: 그러한 전문가 사회. 그 방면의 사회. 예斯界權威者(사계권위자)	사공: 배를 부리는 일을 업으로 삼는 사람. 「뱃사공」의 준말.	사기: 남을 속이어 착오에 빠지게 하는 행위. 예詐欺行脚(사기행각)	사망: 사람이 죽음. 병이나 노쇠하여, 또는 사고로 죽음. 예死亡申告(사망신고)	사색: 어떤 것에 대하여 깊이 생각하고 이치를 찾음. 예思索思考(사색사고)	사양: 겸손하여 응하지 아니하거나 받지 아니함. 예飲食辭讓(음식사양)

斯	界	沙	工	詐	欺	死	亡	思	索	辭	讓
이 사	지경 계	모래 사	장인 공	속일 사	속일 기	죽을 사	망할 망	생각할 사	찾을 색	말씀 사	사양할 양

오늘의 世界名言

♡ 나는 그대의 주장에 찬성
할 수 없다. 그러나, 그대가
주장하는 권리는 죽음을 내
걸고 지키고 싶다.
　볼테르 : 프랑스·작가·
　　　계몽사상가

重要結構

교육부선정자

使役	寺院	私的	史跡	社則	削除
사역 : 부리어 일을 시킴. ②남으로 하여금 하게 하는 동작. 예使役兵(사역병)	사원 : ①불가의 절 또는 암자. ②종교의 교당(教堂)을 두루 일컫는 말.	사적 : 개인에 관계된 것. 예私的關係(사적관계)	사적 : 역사상 중대한 서건이나 시설의 자취. 예史跡保存(사적보존)	사칙 : 회사나 결사 단체의 규칙. 예社則遵守(사칙준수)	삭제 : 내용·명단·예산 등을 깎아 없앰. 또는 지워 버림. 예豫算削除(예산

使	役	寺	院	私	的	史	跡	社	則	削	除
부릴 사	부릴 역	절 사	집 원	사사 사	과녁 적	사기 사	발자취 적	모일 사	법 칙	깎을 삭	제할 제

교육부선정정자

오늘의 世界名言

♡ 세상에 숙명이란 것이 있다면, 그것은 스스로 결정짓지 못하는 가운데 빚어지는 모든 현상이다.
로망 로랑 : 프랑스·소설가·극작가·평론가

重要結構

殺害	森林	商街	嘗味	相逢	想像
살해:남의 생명을 해침. 남을 죽임. 예殺害犯(살해범)	삼림:나무가 빽빽하게 우거져 있는 수풀 예森林資源(삼림자원)	상가:도심 등지에 상점이 많이 늘어서 있는 거리. 예地下商街(지하상가)	상미:맛을 시험해 맛봄. 음식 등의 맛을 시식함.	상봉:서로 만남. 오랫동안 만나지 못했던 사람을 만남. 예離別相逢(이별상봉)	상상:이미 아는 사실·관념을 재료로 새로운 것을 생각해 내는 마음의 작용.

殺	害	森	林	商	街	嘗	味	相	逢	想	像
죽일 가	해칠 해	빽빽할 삼	수풀 림	장사 상	거리 가	맛볼 상	맛 미	서로 상	만날 봉	생각할 상	형상 상

오늘의 世界名言
♡ 서로의 자유를 해하지 않는 범위 내에서 자기의 자유를 확장하는 것, 이것이 자유의 법칙이다.
　　칸트 : 독일·철학자

重要結構 庶

喪輿	桑田	狀態	生涯	庶幾	署名

- 상여 : 전통 풍속으로 죽은 이의 시체를 실어 나르는 제구.
- 상전 : 뽕나무의 밭. 뽕나무를 재배하고 가꾸는 밭. 예 桑田碧海(상전벽해)
- 상태 : 사물·현상 등이 처해 있는 형편이나 모양. 예 昏睡狀態(혼수상태)
- 생애 : ①살아 있는 도안. 일생 동안. ②생활 형편. 생계. 예 巨匠生涯(거장생애)
- 서기 : 거의. 어느 한도에 매우 가까운 정도로.
- 서명 : 자기의 이름을 써넣음. ②문서상의 서명·상호 표시. 예 署名捺印(서명날인)

喪	輿	桑	田	狀	態	生	涯	庶	幾	署	名
잃을 상	수레 여	뽕나무 상	밭 전	형상 상	모양 태	날 생	물가 애	여럿 서	몇 기	관청 서	이름 명

교육부선정자

오늘의 世界名言

♡ 웅변의 효과는 언어를 선택하는 데에도 달렸지만, 동시에, 얘기하는 사람의 목소리, 얼굴의 표정에도 달려 있다.

라 로슈푸코 : 프랑스·모랄리스트

重要結構

교육부선정자

敍事	徐緩	釋放	選擧	仙女	旋律
서사 : 사실을 있는 그대로 시, 또는 극시 등을 씀. 예大敍事詩(대서사시)	서완 : 느림. 천천히 진행되고 더딤. 예徐緩緩急(서완완급)	석방 : 법에 의해 구속된 사람을 풀어 자유롭게 함. 예特赦釋放(특사석방)	선거 : 많은 후보자 가운데서 적당한 사람을 뽑음. 예選擧投票(선거투표)	선녀 : ①선경(仙境)에 사는 여자 신선. ②심신이 탁월한 여자. 예天上仙女(천상선녀)	선률 : 음악을 구성하는 소리의 고저 장단의 어울림. 예甘味旋律(감미선률)
敍事	徐緩	釋放	選擧	仙女	旋律
베풀 서 ㅣ일 사	천천할 서 ㅣ느릴 완	풀 석 ㅣ놓을 방	가릴 선 ㅣ들 거	신선 선 ㅣ계집 녀	돌 선 ㅣ법 률

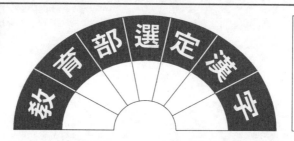

오늘의 世界名言

♡ 내 눈에는 사막의 바다가 하나의 매혹적인 미(美)로 보인다. 그 깊은 침묵, 방해하는 것이 없는 정적에 얼이 빠지고 만다.
헤데인 : 스웨덴·탐험가

교육부선정자

先人	宣布	成功	姓氏	細菌	歲暮
선인: ①선친(先親). ②전대(前代)의 사람. ㉑先人智慧(선인지혜)	선포: 법령이나 명령·선언 등을 세상에 널리 알림. ㉑法令宣布(법령선포)	성공: ①목적을 이룸. 뜻을 이룸. ②사회적 지위나 부(富)를 얻음. ㉑成功的(성공적)	성씨: 「성(姓)」을 높이어 부르는 말. ㉑姓氏銜字(성씨함자)	세균: 현미경을 통해서만 볼 수 있는 아주 미세한 박테리아균. ㉑細菌戰(세균전)	세모: 세밑. 한 해의 마지막 무렵. 섣달 그믐께. ㉑歲暮年始(세모연시)
先人	宣布	成功	姓氏	細菌	歲暮
먼저 선 / 사람 인	베풀 선 / 베 포	이룰 성 / 공 공	성 성 / 성 씨	가늘 세 / 버섯 균	나이 세 / 저물 모

오늘의 世界名言

♡아름다운 것에 멋도 모르고 그것에 경탄하는 작자들에게 침을 뱉아주고 싶다. 그 아름다운 것이 무엇 하나 쾌락을 가져다주지 않는 한. 에피크로스 : 그리스·철학자

重要 結構

교육부선정자

世俗	洗濯	騷亂	消費	昭詳	訴訟
세속: ①세상. 속세. ②세상의 풍속. 예世俗五戒(세속오계)	세탁: 빨래. 더러운 옷이나 피류 등을 물에 빠는 일. 예衣服洗濯(의복세탁)	소란: 주변이 어수선하고 시끄러움. 예騷動騷亂(소동소란)	소비: 돈이나 물품·시간·노력 따위를 들이거나 써서 없앰. 예消費性向(소비성향)	소상: 어떤 내용 따위가 밝고 자세함. 세밀하고 분명함. 예昭詳仔詳(소상자상)	소송: 법률상의 판결을 법원에 요구하는 절차. 예民事訴訟(민사소송)

世	俗	洗	濯	騷	亂	消	費	昭	詳	訴	訟
인간 세	풍속 속	씻을 세	빨 탁	떠들 소	어지러울 란	끝 소	비용 비	밝을 소	자세할 상	소송할 소	송사할 송

오늘의 世界名言

♡ 아름다움이란 자연이 여자에게 주는 최초의 선물이며, 또 자연이 여자에게서 빼앗는 최초의 선물이다.
나레 : 스웨덴 · 학자

重要結構

교육부선정자

所爲	蔬菜	疏忽	召還	松竹	衰弱
소위 : ①하는 일. ②이미 행한 일. 소행(所行). 예詐欺所爲(사기소위)	소채 : 소채류의 나물. 채소. 예蔬菜栽培(소채재배)	소홀 : 대수롭지 않게 여기고 예사롭게 생각함. 예重責疏忽(중책소홀)	소환 : 외교사절 등을 본국으로 불러들임. 예本國召還(본국소환)	송죽 : 소나무와 대나무. 매화와 함께 세한삼우라고 일컬음. 예松竹梅蘭(송죽매란)	쇠약 : 힘이 쇠하여 약함. 기세 등이 쇠하여 약해짐. 예心身衰弱(심신쇠약)

所	爲	蔬	菜	疏	忽	召	還	松	竹	衰	弱
바 소	할 위	나물 소	나물 채	성길 소	홀연 홀	부를 소	돌아올 환	소나무 송	대 죽	쇠할 쇠	약할 약

오늘의 世界名言

♡ 예술 작품은 그 자체로서 충분하다. 홀로 존립할 수 있으며, 자체 속에서 완성되어 있다.
실러 : 독일·시인·극작가

重要結構

교육부선정자

首肯	睡眠	授受	壽宴	誰曰	需要
수긍 : 어떤 일에 옳다고 머리를 끄덕여 인정하는 것. 예同感首肯(동감수긍)	수면 : ①졸음. 잠. ②활동을 멈추고 쉼. 예睡眠不足(수면부족)	수수 : 금품 따위를 주고 받고 함. 예金品授受(금품수수)	수연 : 장수를 축하하는 잔치로 보통은 환갑(還甲)잔치를 일컬음. 예祝壽宴(축수연)	수왈 : 말할 사람이 아무도 없음. 예誰日不可(수왈불가)	수요 : 시장에서 나타나는 상품 구매의 희망이나 그 분량. 예需要供給(수요공급)

首	肯	睡	眠	授	受	壽	宴	誰	曰	需	要
머리 수	즐길 긍	잠잘 수	잠잘 면	줄 수	받을 수	목숨 수	잔치 연	누구 수	가로 왈	구할 수	중요할 요

오늘의 世界名言

♡ 예술은 위안이 되는 놀이가 아니다. 그것은 전투이고 물건을 씹어뭉개는 톱니바퀴의 기계이다.

밀레 : 프랑스 · 화가

교육부선정자

手票	隨筆	宿泊	熟若	叔姪	旬刊
수표: 은행을 지급인으로 하여 소지인에게 지급할 것을 위탁하는 유가증권.	수필: 형식에 얽매이지 아니하고 느낀 것을 생각 나는 대로 써 나가는 산문.	숙박: 여관이나 호텔 등에서 잠을 자거나 머무름. ㉐宿泊施設(숙박시설)	숙약: 양쪽을 비교하여 묻는 의문사.	숙질: 삼촌과 조카. 아저씨와 조카. ㉐叔姪堂叔(숙질당숙)	순간: 신문이나 잡지 따위를 열흘 간격으로 발행함. 또는 그 발행물.
手票	隨筆	宿泊	熟若	叔姪	旬刊
손 수 표 표	따를 수 붓 필	잘 숙 머무를 박	누구 숙 만일 약	아재비 숙 조카 질	열흘 순 펴낼 간

重要結構

오늘의 世界名言

♡ 예술과 도덕은 상이한 두 개의 것이다. 예술가의 공헌은 그 윤리적인 연약함을 상기하고 고발함으로서 헐뜯을 수 없는 것이다.
프리드리히 에드윈 스미스·독일

교육부선정자

巡警	純粹	瞬息	順從	脣齒	戌亥
순경: 경찰관의 최하 계급으로 관할 구역을 순시·경계하는 업무 등을 가짐.	순수:①잡것의 섞임이 없음. ②사사로운 욕심이나 못됨이 없음. 예動機純粹(동기순수)	순식: 아주 짧은 시간. 일순간. 일간. 「순식간(瞬息間)」의 줄인말.	순종: 순수하게 따름. 순순히 좇음. 예順從女人(순종여인)	순치: 입술과 이. 예脣齒之勢(순치지세)	술해: 열한째 지지인 술(戌)과 열두째 지지인 해(亥).

巡	警	純	朴	瞬	息	順	從	脣	齒	戌	亥
순행할 순	경계할 경	순수할 순	순수할 수	순간 순	숨쉴 식	순할 순	좇을 종	입술 순	이 치	개 술	돼지 해

오늘의 世界名言

♡ 모든 예술에 있어 최고의 문제는 형태의 도움을 얻어 더욱 고상한 실제의 환상을 탄생시키는 것이다.
괴테 : 독일 · 시인 · 극작가

重要結構

교육부선정자

昇降	僧舞	勝負	市郡	施設	視聽
승강: 오르고 내림. 높은 곳이나 계단 등을 오르고 내림. 예 上昇下降(상승하강)	승무: 고깔을 쓰고 장삼을 입어 중처럼 차리고 풍류에 맞추어 추는 춤.	승부: 이김과 짐. 승패(勝敗). 예勝負根性(승부근성)	시군: 행정구역상 단위로 시와 군. 예 市郡邑面(시군읍면)	시설: 기계 · 장식 · 장치 · 설비 등을 베풀어 차림. 예 施設裝置(시설장치)	시청: ①보고 들음. ②TV 따위를 보고 들음. 예放送視聽(방송시청)

昇	降	僧	舞	勝	負	市	郡	施	設	視	聽
오를 승	내릴 강	중 승	춤출 무	이길 승	질 부	저자 시	고을 군	베풀 시	베풀 설	볼 시	들을 청

오늘의 世界名言

♡ 남을 감동시키려면 먼저 자신이 감동하지 않으면 안 된다. 그렇지 않으면 아무리 잘된 작품이라도 결코 생명이 없다.

밀레 : 프랑스 · 화가

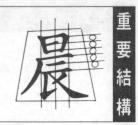

重要結構

교육부선정자

試驗	食堂	辛未	晨星	信仰	身體
시험 : 재능 · 자격 · 실력 등을 일정한 절차에 따라 알아보는 일. 예試驗紙(시험지)	식당 : 학교 · 공장 등 큰 건물에 딸리어 식사할 수 있게 시설을 갖춘 방.	신미 : 육십 갑자의 여덟째. 예辛未洋擾(신미양요)	신성 : 샛별. 새벽에 동쪽 하늘에서 반짝이는 금성(金星)을 이르는 말. 효성(曉星).	신앙 : 종교상의 교의(敎義)를 믿고 받들음. 또는 그것. 예信仰告白(신앙고백)	신체 : ①사람의 몸. ②갓 죽은 송장을 이르는 말. 예身體檢査(신체검사)

試	驗	食	堂	辛	未	晨	星	信	仰	身	體
시험할 시	시험할 험	먹을 식	집 당	매울 신	아닐 미	새벽 신	별 성	믿을 신	우러를 앙	몸 신	몸 체

오늘의 世界名言

♡ 세계에는 두 가지 예술 밖에 없다. 그것은 생명에서 근본이 출발하는 것과 인습에 만족하는 것이다.
로망 로랑 : 프랑스·소설가

教育部選定漢字

重要結構

教育部선정자

伸縮	實踐	尋訪	深淺	審判	雙方
신축:늘고 줄음. 또는 융통성있게 늘이고 줄이는 것. 예伸縮性質(신축성질)	실천:계획한 것 따위를 실지 행동으로 옮기는 것. 예實踐事項(실천사항)	심방:어떤 곳에 목적이 있어 방문하여 찾아봄. 예尋訪信者(심방신자)	심천:호수나 강·바다 등의 깊음과 얕음. 예海低深淺(해저심천)	심판:①소송 사건을 심리하여 판단함. ②경기 등에서 반칙·승패 등을 판정함.	쌍방:이쪽과 저쪽. 양쪽. 양방(兩方). 예雙方合議(쌍방합의)

伸	縮	實	踐	尋	訪	深	淺	審	判	雙	方
펼 신	줄 축	열매 실	밟을 천	찾을 심	찾을 방	깊을 심	얕을 천	살필 심	판단할 판	둘 쌍	모 방

교육부선정정자

오늘의 世界名言

♡ 예술은 우선 미를 표현하지 않으면 안 된다. 미를 받아들이는 기관은 감정이 아니고 순수 관조(觀照)의 활동으로서의 판타지(想像)다.
한스크릭 : 오스트리아 · 음악가

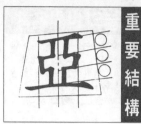

重要結構

兒童	亞鉛	阿洲	岳丈	惡漢	案件
아동 : ①어린 아이. ②초등학교에 다니는 아이. 예兒童教育(아동교육)	아연 : 청색빛을 띤 은백색의 금속 원소. 예亞鉛鍍金(아연도금)	아주 : 「아프리카주」의 준말. 예阿洲地域(아주지역)	악장 : 아내의 아버님. 장인(丈人). 빙장(聘丈).	악한 : 악독하고 악랄한 짓을 일삼는 사람. 예惡漢逮捕(악한체포)	안건 : 토의하거나 조사하여야 할 사실. 또는 그 건수. 예案件討議(안건토의)
兒童	亞鉛	阿洲	岳丈	惡漢	案件
아이 아	아이 동	버금 아	납 연	언덕 아	물가 주	큰산 악	어른 장	악할 악	한수 한	책상 안	사건 건

오늘의 世界名言

♡ 화가는 자연을 모방하거나 묘사하는 것이 전부가 아니다. 자연 쪽에서 그림 쪽으로 움직여 오도록 이행시키지 않으면 안 된다.
    피카소 : 프랑스 · 화가

重要結構

교육부선정자

眼鏡	顔面	安逸	謁聖	殃禍	哀惜
안경:눈을 보호하거나 시력을 돕기 위해 쓰이는 기구. 예色眼鏡(색안경)	안면:①사람이나 동물의 얼굴. ②서로 얼굴을 알 만한 사람. 예顔面薄待(안면박대)	안일:편안하고 한가로움. 한가하고 심신이 축 처져 있음. 예安逸思考(안일사고)	알성:임금이 성균관 문묘(文廟)에 참배함. 예謁聖及第(알성급제)	앙화:지은 죄의 앙갚음으로 받는 재앙. 앙얼. 예殃禍災害(앙화재해)	애석:슬프고 아까움. 분하도록 안타까움. 예哀惜敗北(애석패배)

眼	鏡	顔	面	安	逸	謁	聖	殃	禍	哀	惜
눈 안	거울 경	얼굴 안	낯 면	편안할 안	숨을 일	뵐 알	성인 성	재앙 앙	재화 화	슬플 애	아낄 석

重要結構

오늘의 世界名言

♡ 비루한 생각을 가진 사람이 그것을 숨기려고 시구(詩句)를 과장하는 경우가 있다. 과장된 시를 쓰는 사람의 마음을 나는 경계한다.
생트뵈브 : 프랑스 · 비평가

교육부선정자

厄難	楊柳	良妻	兩側	羊兎	諒解
액난 : 재앙으로 인한 난리. 재앙 등으로 질서가 어지러워짐. 例厄難豫防(액난예방)	양류 : 버드나무. 버들과의 낙엽 활엽 교목.	양처 : 착한 아내. 마음이 선량하고 좋은 아내. 例賢母良妻(현모양처)	양측 : ①두 편. 양방. ②양쪽의 측면. 例兩側合議(양측합의)	양토 : 양과 토끼.	양해 : 사정을 살펴서 너그러히 받아들임. 例主人諒解(주인양해)

厄	難	楊	柳	良	妻	兩	側	羊	兎	諒	解
재앙 액	어려울 난	버들 양	버들 류	어질 량	아내 처	둘 량	곁 측	양 양	토끼 토	양해할 량	풀 해
ㄱㄱㄴ	ㄸㅅㅌ	ㅏ뭉ㄲ	ㅏ씌ㅏ	ㄱㄱㄴ	ㅌㄴㅅ	ㅋㄱㅅ	ㅓㅌㅋ	ㄴㄴㅣ	ㄱㅉㅆ	讠ㅎㄱ	角刀ㄴ

오늘의 世界名言

♡ 미란 어디에나 있다. 결코 그것이 우리 눈앞에 존재하지 않는 것이 아니고 우리의 눈이 그것을 찾지 못할 따름이다.
로망 로랑 : 프랑스·소설가

重要結構

교육부선정자

洋灰	語句	漁船	於焉	魚貝	抑壓
양회:시멘트(cement)토목·건축 재료로 쓰이는 접합제. 예洋灰建物(양회건물)	어구:말의 마디. 말의 구절. 문장의 구절.예語句修訂(어구수정)	어선:고기잡이를 목적으로 건조한 배. 예漁船出港(어선출항)	어언:「어언간(於焉間)」의 준말. 알지못한 동안. 예於焉十年(어언십년)	어패:물고기와 조개. 물고기 종류와 조개 류. 예魚貝類(어패류)	억압:억지로 행동을 제약하고 억제하여 압박함.예抑壓抗拒(억압항거)

洋	灰	語	句	漁	船	於	焉	魚	貝	抑	壓
큰바다 양	재 회	말씀 어	글귀 구	고기잡을 어	배 선	어조사 어	어찌 언	고기 어	조개 패	누를 억	누를 압

82　教育部選定漢字

오늘의 世界名言

♡ 모든 예술작품은 오직 그 자체, 즉 그 자체의 법칙에 대해서만 해명할 필요가 있을뿐, 다른 어떤 요구에도 굴하지 않는 것이다.
실러 : 독일·시인·극작가

重要結構

교육부선정자

億兆	業報	旅館	餘白	余輩	與野
억조 : ①억(億)과 조(兆). ②셀 수 없을 만큼 많은 수.예億兆蒼生(억조창생)	업보 : 불가에서 말하는 전생(前生)의 악한 짓에 대한 죄값.예前生業報(전생업보)	여관 : 돈을 받고 여객(旅客)을 묵게 하는 집.예旅館宿泊(여관숙박)	여백 : 종이 등에서 그림이나 글씨 이외의 빈 부분.예餘白活用(여백활용)	여배 : 우리들	여야 : 여당과 야당.예與野總務(여야총무)

億	兆	業	報	旅	館	餘	白	余	輩	與	野
억 억	억조 조	일 업	갚을 보	나그네 려	집 관	남을 여	흰 백	나 여	무리 배	줄 여	들 야

오늘의 世界名言

♡ 한 번도 어리석은 짓을 하지 않고 사는 사람은 자신의 생각보다는 현명치 못한 사람이다.
라 로슈푸코 : 그리스·철학자

重要結構

교육부선정자

予奪	演劇	亦是	驛前	研究	連絡
여탈 : 주는 일과 빼앗는 일. 여탈(與奪).	연극 : 배우·무대·조명·음향·등으로써 희곡을 무대에서 연출해 보이는 종합예술.	역시 : 또한. 거기에다 또. 마찬가지로. 예亦是當然(역시당연)	역전 : ①정거장의 앞. ②철도 여객의 출입을 위한 표찰구가 있는 역사(驛舍)의 앞마당.	연구 : 사물 등을 깊이 있게 조사하고 궁리함. 예研究論文(연구논문)	연락 : ①서로 이어 댐. ②서로 관계를 가짐. ③상대방에게 알림. 예連絡處(연락처)

予	奪	演	劇	亦	是	驛	前	研	究	連	絡
나 여	빼앗을 탈	연역할 연	심할 극	또 역	이 시	역마 역	앞 전	갈 연	궁구할 구	이을 련	이을 락

교육부선정자

오늘의 世界名言

♡ 바보 녀석이 창피스러운 일을 하고 있을 때, 그 녀석은 언제나 그것이 자신의 의무라고 생각한다.
　바그너 쇼 : 영국·극작가

教育部選定漢字

重要結構

聯

聯盟	戀慕	鍊武	憐憫	燃燒	沿岸
연맹: 뜻이 같은 사람들끼리 같이 행동할 것을 맹약하는 일. 예勞組聯盟(노조연맹)	연모: 사랑하여 몹시 그리워함. 예思慕戀慕(사모연모)	연무: 무예 등을 단련함. 예跆拳鍊武(태권연무)	연민: 불쌍하고 가련함. 예可憐憐憫(가련연민)	연소: 불이 붙어 탐. 불을 놓아 태움. 예燃燒裝置(연소장치)	연안: 강·바다 등이 육지와 이어져 있는 물가. 예沿岸埠頭(연안부두)
聯	盟	戀	慕	鍊	武	憐	憫	燃	燒	沿	岸
연합할 련	맹세할 맹	사모할 련	사모할 모	단련할 련	호반 무	가엾을 련	불쌍할 민	불탈 연	불사를 소	연안 연	언던 안

오늘의 世界名言

♡ 어리석은 사람과 현명한 사람은 다같이 해가 없다. 다만, 어중간하게 어리석거나 어중간하게 현명한 사람만이 위험하다.
괴테 : 독일·시인·극작가

重要結構

교육부선정자

緣由	硯滴	熱烈	念慮	鹽酸	廉探
연유:이유(理由). 유래(由來). 사유(事由). 곡절(曲折). 까닭. 예事緣緣由(사연연유)	연적:벼루에 먹을 갈 때 쓰일 물을 담아두는 그릇. 예筆墨硯滴(필묵연적)	열렬:어떤 것에 대한 애정이나 태도가 매우 맹렬함. 예熱烈愛情(열렬애정)	염려:여러 가지로 헤아려 걱정함. 또는 그 걱정. 예將來念慮(장래염려)	염산:염화수소의 수용액. 무색 발연성의 액체임. 의학용이나 공업용 등으로 널리 쓰임.	염탐:비밀리에 남의 사정을 살펴 조사함. 염찰(廉察). 예斥候廉探(척후염탐)

緣	由	硯	滴	熱	烈	念	慮	鹽	酸	廉	探
인연 연	맬미암을 유	벼루 연	물방울 적	더울 열	매울 렬	생각 념	생각할 려	소금 염	초 산	청렴할 렴	찾을 탐

오늘의 世界名言

♡ 동물은 참으로 기분 좋은 친구이다. 이들은 아무 질문도 하지 않으며 아무 비평도 하지 않는다.

죠오지 엘리오트 : 영국 · 소설가

重要結構

교육부선정자

詠歌	英斷	領導	營舍	永續	榮譽
영가 : 창가(唱歌). 서양 악곡의 형식을 빌려 지은 노래. **예** 詠歌舞蹈(영가무도)	영단 : ①뛰어난 결단. 탁월한 결정. ②주저하지 아니하고 내리는 결정.	영도 : 무리나 백성 등을 거느려 이끎. **예** 領導統率(영도통솔)	영사 : 군대가 머물러 있는 집. 또는, 그런 건물이 있는 일정 지역.	영속 : 오래 계속함. 영원히 계속되는 것. **예** 永續持續(영속지속)	영예 : 영광스런 명예. 영명(榮名). **예** 受賞榮譽(수상영예)

詠	歌	英	斷	領	導	營	舍	永	續	榮	譽
읊을 가	노래 가	꽃부리 영	끊을 단	거느릴 령	이끌 도	경영할 영	집 사	길 영	이을 속	영화 영	명예 예

오늘의 世界名言

♡ 스스로 괴로워하거나 남을 괴롭게 하거나, 그 어느 쪽이 없이는 연애는 존재하지 못한다.

앙리 드 레니에 : 영국 초상화가

重要結構

교육부선정자

寧日	映窓	零下	影響	靈魂	禮儀
영일:무사하고 평안할 나날. 예寧日安寧(영일안녕)	영창:방을 밝게 하기 위하여 방과 마루 사이에 내는 미닫이 문.	영하:기온을 나타낼 때. 0℃ 이하. 얼음이 어는 0° 이하. 예零下氣候(영하기후)	영향:어떤 사물이 다른 사물에 작용을 미치는 것. 예影響波及(영향파급)	영혼:죽은 사람의 넋. 죽은 뒤에도 존재한다는 정신적 실체. 예靈魂不滅(영혼불멸)	예의:인간 행동을 규범하여 경의를 나타내는 예절과 몸가짐. 예禮儀凡節(예의범절)
寧	映 窓	零 下	影 響	靈 魂	禮 儀
편안할 녕 · 날 일	비칠 영 · 창 창	떨어질 령 · 아래 하	그림자 영 · 울릴 향	신령 령 · 넋 혼	예도 례 · 거동 의

오늘의 世界名言

♡ 나는 일생 동안 하루도 일을 한 일이 없다. 왜냐하면, 나의 모든 작업이 즐거운 위안이었기 때문이다.
에디슨 : 미국·발명가

重要結構

교육부선정정자

銳敏	烏鷄	梧桐	娛樂	傲慢	汚染
예민 : 성질이나 감각 등이 예리하고 민감함. 例銳敏性格(예민성격)	오계 : ①털이 새까만 닭. ②「오골계(烏骨鷄)」의 준말. 例烏骨鷄湯(오골계탕)	오동 : 「오동나무」의 준말. 오동과의 낙엽 활엽 교목. 例梧桐木材(오동목재)	오락 : 쉬는 시간에 재미있게 놀며 기분을 즐겁게 하는 일. 例娛樂施設(오락시설)	오만 : 태도나 언행이 잘난 체하여 방자함. 例傲慢放恣(오만방자)	오염 : 더럽게 물듦. 공장 등에서 나온 폐수, 폐연 등으로 환경이 혼탁해 짐.

銳	敏	烏	鷄	梧	桐	娛	樂	傲	慢	汚	染
날카로울 예	민첩할 민	까마귀 오	닭 계	오동나무 오	오동 동	즐거울 오	풍류 악	거만할 오	거만할 만	더러울 오	물들일염

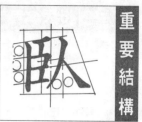

오늘의 世界名言

♡ 잠자코 우는 어린이의 흐느낌은, 성이 나서 날뛰는 어른의 그것보다도 더욱 깊은 저주가 된다.

　브라우닝 : 영국·시인

重要結構

교육부선정자

玉篇	溫床	臥具	完遂	王妃	畏懼
옥편 : 자전(字典). 한자(漢字)를 모아 일정한 순서를 배열하고 자마다 뜻과 음을 풀이한 책.	온상 : 인공적으로 따뜻한 열을 가해 식물을 촉성 재배하는 묘상. 예犯罪溫床(범죄온상)	와구 : 누울 때에 심신의 안락함을 위해 쓰이는 물건의 총칭. 예寢臺臥具(침대와구)	완수 : 어떤 일의 결행에 있어 완전히 수행함. 예責任完遂(책임완수)	왕비 : 임금의 아내. 왕후(王后). 국모(國母). 예王世子妃(왕세자비)	외구 : 무서워하고 두려워함. 예恭敬畏懼(공경외구)

玉	篇	溫	床	臥	具	完	遂	王	妃	畏	懼
구슬 옥	책 편	따뜻할 온	평상 상	누울 와	갖출 구	완전할 완	드디어 수	임금 왕	왕비 비	두려울 외	두려울 구

오늘의 世界名言

♡ 교양 있는 가정의 아이들에게는, 교육에 의해서 다른 아이들에게 복종을 가르치듯 명령하는 것을 가르쳐야 한다.
니체 : 독일 · 시인 · 철학가

重要結構

교육부선정자

外患	腰帶	遙拜	欲望	庸劣	容恕
외환:외적의 침범으로 인한 근심이나 재앙. 외우(外憂). 例外患防止(외환방지)	요대:허리 띠. 허리에 하복을 매어주는 허리 띠. 例腰帶着用(요대착용)	요배:멀리서 연고가 있는 쪽을 향하여 절함. 例望拜遙拜(망배요배)	욕망:무엇을 가지거나 무엇을 누리고자 탐함. 또는 그 마음. 例欲望奴隷(욕망노예)	용렬:못생기어 어리석고 변변하지 못함. 例庸劣劣等(용렬열등)	용서:죄나 잘못에 대하여 꾸짖거나 벌하지 아니함. 例容恕和解(용서화해)

外	患	腰	帶	遙	拜	欲	望	庸	劣	容	恕
바깥 외	근심 환	허리 요	띠 대	멀 요	절 배	하고자할 욕	바랄 망	떳떳할 용	용렬할 렬	얼굴 용	용서할 서

오늘의 世界名言
♡ 모든 사람은 높은 교양을 지녀야 한다. 민주주의의 성공은 이것에 의존한다.
존·듀이 : 미국·철학가·교육가

重要結構

교육부선정자

于今	愚弄	雨雷	友邦	憂愁	尤甚
우금 : 지금까지. 이제까지. 예于今行脚(우금행각)	우롱 : 사람을 바보로 여기고 놀림. 예愚弄處事(우롱처사)	우뢰 : 천둥. 천둥소리. 천둥소리와 같이 극렬함. 예雨雷拍手(우뢰박수)	우방 : 서로 군사적·경제적 등으로 관계를 맺고 있는 나라. 예友邦善隣(우방선린)	우수 : 우울과 수심. 근심 걱정. 예鄕愁憂愁(향수우수)	우심 : 더욱 심해지는 상태·현상 등을 이르름. 예尤甚犯罪(우심범죄)

于	今	愚	弄	雨	雷	友	邦	憂	愁	尤	甚
어조사 우	이제 금	어리석을 우	희롱할 롱	비 우	천둥 뢰	벗 우	나라 방	근심 우	근심 수	더욱 우	심할 심

오늘의 世界名言

♡ 자신의 가족을 사랑하지 않는 남자는 자기 집에 새끼 사자를 기르면서 미움의 온상을 만들고 있는 인간이다.
제레미 테일러 : 영국 · 승정

重要結構

교육부선정자

優雅	牛乳	羽翼	宇宙	郵便	又況
우아 : 고상하고 기품이 있으며 아름다움. 예氣品優雅(기품우아)	우유 : 소의 젖. 밀크(Milk). 소의 젖을 가공한 것. 예牛乳豆乳(우유두유)	우익 : ①새의 날개. ②보좌하는 일. 또는 그 사람. ③식물의 기관 일부.	우주 : 천지와 동서고금 모든 공간과 시간. 예宇宙空間(우주공간)	우편 : 서신 · 소포 등을 일정한 조직에 의하여 전국적으로 송달하는 업무.	우황 : 하물며. 그 위에 또. 예失職又況(실직우황)

優	雅	牛	乳	羽	翼	宇	宙	郵	便	又	況
넉넉할 우	아담할 아	소 우	젖 유	깃 우	날개 익	집 우	집 주	우편 우	편할 편	또 우	하물며 황
優心久	더/信	亻一	以乚	フスト	羽羽弥	宀一	宀기二	歬彑彡	亻更人	又	氵习儿
優	雅	牛	乳	羽	翼	宇	宙	郵	便	又	況

오늘의 世界名言

♡ 책에는 많은 잘못이 있기 때문에 재미가 있는지도 모른다. 조금이라도 모순이 없다면 그것은 사실 시시한 것이다.
　골드스미스 : 영국 · 시인 · 소설가

教育部選定漢字

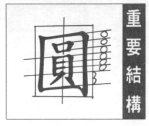

重要結構

圓

교육부선정자

雲泥	運輸	云謂	韻致	元旦	圓盤
운니 : 「구름과 진흙」이란 말로 어떤 것의 격차가 심함을 비유. 예 雲泥之差(운니지차)	운수 : 운반보다 규모가 큰 여객과 화물 등을 날라 보내는 일. 예 運輸業(운수업)	운위 : 일러 말함.	운치 : 고상하고 우아한 풍치(風致). 여운이 남아 있는 풍치. 예 韻致餘韻(운치여운)	원단 : 설날 아침. 원조(元朝). 예 當年元旦(당년원단)	원반 : 원반던지기에서 쓰이는 운동 기구의 하나. 예 圓盤投擲(원반투척)

雲	泥	運	輸	云	謂	韻	致	元	旦	圓	盤
구름 운	진흙 니	움직일 운	보낼 수	이를 운	이를 위	운율 운	이를 치	으뜸 원	아침 단	둥글 원	쟁반 반

오늘의 世界名言

♡ 결말을 이해하고 시초를 이해하는 것. 이것이 새로운 독서법이며 새로운 생활법이다.

뒤아엘 : 소설가 · 비평가

重要結構

교육부선정자

原 始	園 藝	遠 征	援 助	怨 恨	慰 勞
원시:①처음. 시초. ②자연 상태로 아직 개량되지 않은 상태. 예原始生活(원시생활)	원예:채소·과수·정원수·화훼 등을 집약적으로 재배하는 일. 예園藝農家(원예농가)	원정:①먼 곳으로 싸우러 감. ②먼 곳에 가 경기 따위를 함. 예遠征隊(원정대)	원조:세계적·국가적, 또는 빈곤한 사람을 위해 도와 줌. 예食糧援助(식량원조)	원한:지난날 있었던 원망스럽고 한이 되는 생각. 예憎惡怨恨(증오원한)	위로:①수고를 치하함. ②좋은 말로 고통·슬픔 등을 안정시킴. 예慰勞金(위로금)

原	始	園	藝	遠	征	援	助	怨	恨	慰	勞
근원 원	비로소 시	동산 원	재주 예	멀 원	칠 정	도울 원	도울 조	원망할 원	한 한	위로할 위	수고할 로

오늘의 世界名言

♡ 일을 그 최초의 상태로 환원시켜 보라. 그리고 어떤 점에 또 어떻게 해서 그 일이 악화되었는가를 살펴보라.
　F. 베이콘: 영국·철학자

重要結構

교육부선정자

違背	威嚴	胃腸	偉績	委託	危險
위배: 위반·법령·명령·약속 등을 어김. 예違背行爲(위배행위)	위엄: 위세가 있어 존경하고 어려워할만한 태도나 기세. 예威嚴分付(위엄분부)	위장: 생물학적으로 사람이나 동물의 내장으로써의 위와 간. 예胃腸疾患(위장질환)	위적: 위대한 공적. 뛰어난 공훈이나 업적. 예偉大業績(위대업적)	위탁: 어떤 행위나 사무의 처리를 남에게 맡기어 부탁하는 일. 예委託金(위탁금)	위험: 위태롭고 험하여 안전하지 못함. 또는 그런 상태. 예危險信號(위험신호)
違	背	威	嚴	胃	腸	偉	績	委	託	危	險
어길 위	등 배	위엄 위	엄할 엄	밥통 위	창자 장	위대할 위	길쌈 적	맡길 위	맡길 탁	위태할 위	험할 험

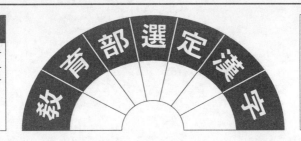

오늘의 世界名言

♡ 자유를 사랑하는 것은 남을 사랑하는 일이다. 힘을 사랑하는 것은 자신을 사랑하는 일이다.
W. 허즐리트 :영국·에세이스트

重要結構

교육부선정자

悠 久	唯 物	柔 軟	猶 豫	遺 蹟	維 持
유구:연대가 길고 오램. 아득히 오래된 세월. 예悠久傳統(유구전통)	유물:오직 물질만이 존재한다고 여기는 일. 예唯物思想(유물사상)	유연:자세나 동작·손놀림 등이 부드럽고 연함. 예柔軟動作(유연동작)	유예:결행하는 데 있어 날짜나 시간을 미루고 끎. 예猶豫期間(유예기간)	유적:건축물·전쟁터 등 역사적인 사건이 벌어졌던 곳. 예文化遺蹟(문화유적)	유지:지탱하여 나감. 지니어 감. 예維持費用(유지비용)

悠	久	唯	物	柔	軟	猶	豫	遺	蹟	維	持
멀 유	오랠 구	오직 유	만물 물	부드러울 유	연할 연	오히려 유	미리 예	끼칠 유	자취 적	이을 유	가질 지

重要結構

오늘의 世界名言

♡ 이 세상에서 성공하려면 바보같이 보이면서 실은 영리해야 한다, 라는 점을 나는 늘 관찰하고 있다.
몽테스큐 : 프랑스 · 사상가

교육부선정자

有志	幼稚	幽玄	六章	閏年	倫理
유지:①어떤 일을 할 뜻이 있음. 또는 그 사람. ②「유자자」의 준말. ⑩洞有志(동유지)	유치 : 나이가 어림. 수준이 낮거나 미숙함. ⑩幼稚行動(유치행동)	유현:이치나 아취가 헤아리기 어려울 만큼 깊고 오묘함.	육장:①어떤 글의 여섯 번째 단락. ②어떤 글의 여섯가지 단락. ⑩第六章(제육장)	윤년:윤달이나 윤일이 드는 해. 양력에서는 4년마다 한 번씩 2월을 29일로 함.	윤리:①사람으로서 마땅히 행하거나 지켜야 할 도리. ②「윤리학」의 준말.

有	志	幼	稚	幽	玄	六	章	閏	年	倫	理
있을 유	뜻 지	어릴 유	어릴 치	그윽할 유	검을 현	여섯 륙	글 장	윤달 윤	해 년	인륜 륜	이치 리

重要結構

교육부선정자

오늘의 世界名言

♡ 이런 일은 도저히 불가능하다고 자신이 믿고 시작하는 것은, 그것을 스스로 불가능하게 만드는 수단이다.
워너메이커 : 미국·실업가

輪番	潤澤	栗粟	隆崇	銀紙	隱蔽
윤번:①돌려 가며 차례로 번듦. ②돌아가는 차례. 예當直輪番制(당직윤번제)	윤택:①윤기 있는 광택. ②물건·양식 등이 풍부하고 넉넉함. 예潤澤家庭(윤택가정)	율속:밤과 조.	융숭:대우·대접하는 태도·자세 등이 정중하고 극진함. 예隆崇接待(융숭접대)	은지:은종이. 은박 또는 은빛 나는 재료를 써서 만든 종이. 예銀箔銀紙(은박은지)	은폐:가리어 숨김. 감추어 덮음. 예眞僞隱蔽(진위은폐)

輪	番	潤	澤	栗	粟	隆	崇	銀	紙	隱	蔽
바퀴 륜	차례 번	젖을 윤	못 택	밤 률	조 속	성할 륭	높을 숭	은 은	종이 지	숨을 은	가릴 폐

重要結構

오늘의 世界名言

♡ 젊었을 때 너무 자유 방종하면 마음의 윤기가 없어진다. 그러나, 너무 절제하면 머리의 융통성이 없어진다.
생트 뵈브 : 프랑스 · 비평가

교육부선정자

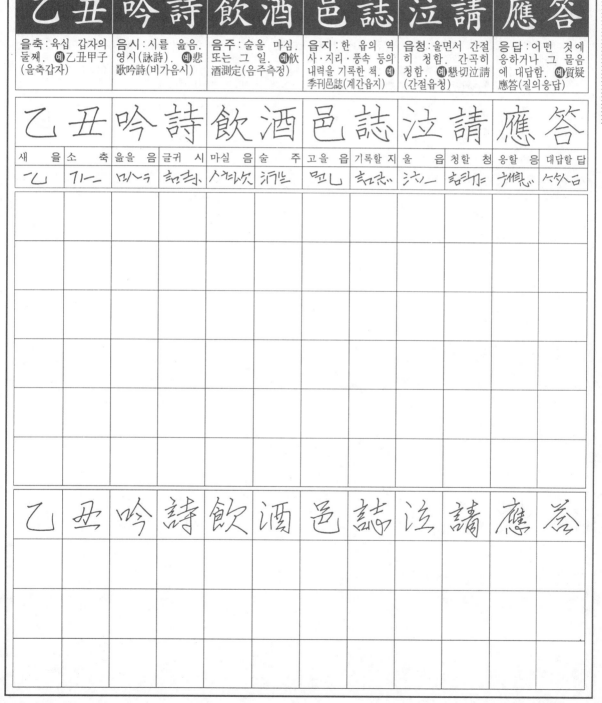

乙丑	吟詩	飲酒	邑誌	泣請	應答
을축:육십 갑자의 둘째. 예乙丑甲子(을축갑자)	음시:시를 읊음. 영시(詠詩). 예悲歌吟詩(비가음시)	음주:술을 마심. 또는 그 일. 예飲酒測定(음주측정)	읍지:한 읍의 역사·지리·풍속 등의 내력을 기록한 책. 예季刊邑誌(계간읍지)	읍청:울면서 간절히 청함. 간곡히 청함. 예懇切泣請(간절읍청)	응답:어떤 것에 응하거나 그 물음에 대답함. 예質疑應答(질의응답)

乙	丑	吟	詩	飲	酒	邑	誌	泣	請	應	答
새 을	소 축	읊을 음	글귀 시	마실 음	술 주	고을 읍	기록할 지	울 읍	청할 청	응할 응	대답할 답

오늘의 世界名言

♡ 이 세상에서 당신이 필요로 할 것은 무지(無知)와 신념(信念)이다. 성공은 틀림없다.

마아크 트웨인 : 미국·소설가

教育部選定漢字

重要結構

耳

依賴	醫師	二卷	以來	履歷	耳目
의뢰:남에게 의지함. 남에게 부탁함. 예事件依賴(사건의뢰)	의사:의술과 약으로 병을 진찰하고 치료하는 사람. 예病院醫師(병원의사)	이권:①「제2권(第二券)」의 준말 ②여러책 중 두개의 권수.	이래:그 뒤로 어느 일정한 때로부터 지금까지. 예有史以來(유사이래)	이력:지금까지의 학업. 직업 따위의 내력. 예履歷經歷(이력경력)	이목:귀와 눈. 듣는 것과 보는 것. 예耳目集中(이목집중)

依	賴	醫	師	二	卷	以	來	履	歷	耳	目
의지할 의	의뢰할 뢰	의원 의	스승 사	두 이	책 권	써 이	올 래	밟을 리	지낼 력	귀 이	눈 목

오늘의 世界名言

♡ 젊은이는 슬퍼해서는 안 된다. 명랑하고 즐거워해야 하며, 항상 좋은 기분을 가져야 한다.
　　루터 : 독일 · 종교개혁자

教育部選定漢字

重要結構

異議	利敵	移轉	梨花	忍耐	印刷
이의:남과 의견이나 주장을 달리함. 또는 그 의견이나 주장. 예異議提起(이의제기)	이적:적을 이롭게 함. 적에게 유리하게 함. 예利敵行爲(이적행위)	이전:장소·주소·권리 등을 다른 데로 옮김. 예移轉開業(이전개업)	이 화 : 배 나무의 꽃. 배꽃. 예梨花滿開(이화만개)	인내:괴로움이나 어려움을 참고 견딤. 예忍耐努力(인내노력)	인쇄:판면의 글·그림 등을 종이 따위에 박아 내는 일. 예文案印刷(문안인쇄)

異	議	利	敵	移	轉	梨	花	忍	耐	印	刷
다를 이	의논할 리	이로울 리	원수 적	옮길 이	구를 전	배 리	꽃 화	참을 인	견딜 내	도장 인	박을 쇄

교 육 부 선 정 자

오늘의 世界名言

♡ 분에 넘치는 야심 때문에 마음을 괴롭히지만 않는다면, 대개의 인간은 작은 일에는 성공하는 법이다.
롱펠로우 : 미국·시인

重要結構

因習	仁勇	隣接	姻戚	賃貸	壬申
인습:전하여 내려오는 풍습. 전래되어 내려오는 풍습. 예固陋因習(고루인습)	인용:인(仁)과 용(勇). 곧, 어진 마음과 용기. 예仁勇謙讓(인용겸양)	인접:어떤 것이 이웃하여 있음. 옆에 닿아 있음. 예隣接國家(인접국가)	인척:혼인 관계를 통하여 이루어지는 친척(親戚). 예姻戚之間(인척지간)	임대:요금을 받고 물건이나 건물 등을 빌려 줌. 예賃貸契約(임대계약)	임신:육십 갑자의 아홉째. 예壬申誓記石(임신서기석)
因	習	仁	勇	隣	接	姻	戚	賃	貸	壬	申
인할 인	익힐 습	어질 인	날랠 용	이웃 린	붙일 접	혼인할 인	친척 척	품삵 임	빌릴 대	천간 임	납 신

오늘의 世界名言

♡ 내가 장래에 대하여 탐구했던 것은 행복 그 자체보다, 오히려 거기에 도달하려고 했던 부단한 노력이었다.
지이드 : 프랑스 · 소설가

重要結構

교육부선정자

臨陣	立國	入荷	紫檀	姉妹	慈悲
임진:전쟁터에 나섬. 싸움터로 나감. 예臨陣無退(임진무퇴)	입국:①나라를 세움. ②국력을 길러 번영하게 함. 예工業立國(공업입국)	입하:하물(荷物)이 들어 옴. 짐을 들여 옴. 예出荷入荷(출하입하)	자단:콩과의 상록활엽 교목. 나비 모양의 잘고 노란 꽃이 핌.	자매:손위의 누이와 손아래 누이. 예姉妹結緣(자매결연)	자비:중생들에게 복을 주고 괴로움을 없게 하는 일. 예慈悲心(자비심)

臨	陣	立	國	入	荷	紫	檀	姉	妹	慈	悲
임할 임	진칠 진	설 립	나라 국	들 입	멜 하	자주빛 자	박달나무단	맏누이 자	누이 매	사랑 자	슬플 비

오늘의 世界名言

♡ 청년은 완전한 것을 사랑하지 않는다. 왜냐하면, 그가 노력해야 할 여지가 조금밖에 남지 않기 때문이다.
발레리 : 프랑스·시인·비평가

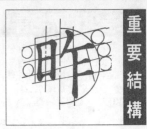

重要結構

교육부선정자

刺傷	姿勢	雌雄	自意	昨曉	殘留
자상:칼같은 날카로운 기물에 찔린 상처. 예刺傷痕迹(자상흔적)	자세:사물을 대하는 마음가짐이나 태도. 예精神姿勢(정신자세)	자웅:❶암컷과 숫컷. ❷승부·우열 등의 뜻으로 이르는 말. 예家畜雌雄(가축자웅)	자의:자기의 생각이나 뜻. 자기 스스로의 생각. 예自意他意(자의타의)	작효:어제 새벽. 어제 날이 밝을 무렵.	잔류:남아서 처져 있음. 일부 남아있게 된 인력. 예殘留人士(잔류인사)

刺	傷	姿	勢	雌	雄	自	意	昨	曉	殘	留
찌를 자	상할 상	맵시 자	세력 세	암컷 자	수컷 웅	스스로 자	뜻 의	어제 작	새벽 효	남을 잔	머무를 류

오늘의 世界名言

♡ 정열을 이따금, 더없이 영리한 사람을 둔마로 만들고, 더없는 둔마를 영리한 사람으로 만든다.
라 로슈푸코 : 프랑스·모랄리스트

重要結構

교육부선정자

潛在	暫定	長短	壯途	獎勵	帳簿
잠재:속에 숨어 겉으로 드러나지 아니함. 예潛在意識(잠재의식)	잠정:임시로 우선 정함. 잠시 임시로 정함. 예暫定延期(잠정연기)	장단:①길고 짧음. ②장점과 단점. ③곡조의 빠름과 느림. 예高低長短(고저장단)	장도:중대한 사명이나 뜻을 품고 떠나는 길. 예歸京壯途(귀경장도)	장려:권하여 좋은 일에 힘쓰도록 북돋아 줌. 예獎勵賞金(장려상금)	장부:돈이나 물건의 출납·수지·계산 등을 기록한 책. 예臺帳帳簿(대장장부)

潛	在	暫	定	長	短	壯	途	獎	勵	帳	簿
잠길 잠	있을 재	잠깐 잠	정할 정	길 장	짧을 단	씩씩할 장	길 도	권장할 장	힘쓸 려	휘장 장	장부 부

오늘의 世界名言

♡ 성공하는 데는 두 가지 길이 있다. 하나는 근면이며, 다른 하나는 타인의 어리석음이다.
라 브뤼에르 : 프랑스·모랄리스트

重要結構

교육부선정자

裝 備	粧 飾	葬 地	將 次	再 建	材 木
장비 : 일정한 장치와 설비를 갖추어 차림. 그 장치. 예登山裝備(등산장비)	장식 : 매만져 꾸밈. 또는 그 꾸밈새. 예化粧粧飾(화장장식)	장지 : 장사하여 시체를 묻는 땅. 죽은 이를 묻은 땅. 예葬地發靷(장지발인)	장차 : 앞으로, 미래의 어느 때에. 닥아올 미래의 어느 때에. 예將次將軍(장차장군)	재건 : 이미 없어졌거나 허물어진 것을 다시 일으켜 세움. 예都市再建(도시재건)	재목 : 건축·가구 등을 만드는 데 재료가 되는 나무. 예棟梁材木(동량재목)

裝	備	粧	飾	葬	地	將	次	再	建	材	木
꾸밀 장	갖출 비	단장할 장	꾸밀 식	장사지낼 장	땅 지	장수 장	버금 차	두 재	세울 건	재목 재	나무 목

오늘의 世界名言

♡ 인간의 영광은 한 번도 실패하지 않았다는 것이 아니고 쓰러질 때마다 다시 일어난다는 점에 있다.
골드스미스 : 영국·시인

重要結構

교육부선정자

財寶	栽培	著書	抵觸	貯蓄	摘芽
재보 : 금·은 등의 귀하고 보배로운 재물. 예金銀財寶(금은재보)	재배 : 초목을 심어서 기름. 식물을 심어서 기름. 예花草栽培(화초재배)	저서 : ①책을 지음. 또는, 그 책. ②어떤 이가 저술한 책. 예不滅著書(불멸저서)	저촉 : 법률·규칙 등에 위반되거나 거슬림. 예抵觸行爲(저촉행위)	저축 : ①절약하여 모아 둠. ②소득 중 소비로 지출되지 아니한 부분.	적아 : 녹작물의 필요치 아니한 싹을 골라서 따버리는 일. 예摘芽紫檀(적아자단)
財寶	栽培	著書	抵觸	貯蓄	摘芽
재물 재 / 보배 보	심을 재 / 붇돋을 배	나타날 저 / 글 서	막을 저 / 닿을 촉	쌓을 저 / 저축할 축	딸 적 / 싹 아

財	寶	栽	培	著	書	抵	觸	貯	蓄	摘	芽

오늘의 世界名言

♡ 젊음은 시들고, 사랑은 스러지며, 우정의 나무 잎은 떨어져도 어머니의 비밀어린 희망은 살아 남는다.
　O. 홈즈 : 미국 · 의학자

重要結構

교육부선정자

適宜	赤字	積載	專攻	傳承	展示
적의:알맞고 마땅함. 예適宜減量(적의감량)	적자:수입보다 지출이 많아 수지가 맞지 아니한 것. 예赤字黑字(적자흑자)	적재:물건 등의 짐을 선박·차·수레 등에 실음. 예積載車輛(적재차량)	전공:한 가지 부분을 전문적으로 공부하고 연구함. 예專攻科目(전공과목)	전승:문화·기술 등을 전하여 받아 계승함. 예遺産傳承(유산전승)	전시:여러 가지의 물품 등을 벌이어 보임. 예展示會場(전시회장)

適	宜	赤	字	積	載	專	攻	傳	承	展	示
맞을 적	마땅 의	붉을 적	글자 자	쌓을 적	실을 재	오로지 전	칠 공	전할 전	이을 승	펼 전	보일 시
適	宜	赤	字	積	載	專	攻	傳	承	展	示

오늘의 世界名言

♡ 중요한 것은 큰 뜻을 품고 그것을 실행에 옮길 수 있는 능력과 인내력을 갖는다는 것이다.
괴테 : 독일·시인·극작가

重要結構

교육부선정자

絶叫	占卜	漸進	蝶泳	停車	淨潔
절규 : 힘을 다하여 부르짖음. 예哀痛 絶叫(애통절규)	점복 : ①점치는 일. ②점술(占術)과 복술(卜術) 예吉凶占卜(길흉점복)	점진 : 순서대로 조금씩 나아감. 점점 조금씩 나아감. 예漸進發展(점진발전)	접영 : 수영 영법(泳法)의 하나. 두 손을 동시에 앞으로 뻗쳐 물을 끌어당기는 수영.	정거 : 가던 도중 차가 멈춤. 또는 멈추게 함. 정차(停車). 예停車車輛(정거차량)	정결 : 청정(淸淨)하고 결백함. 맑고 깨끗함. 예淨潔衣服(정결의복)

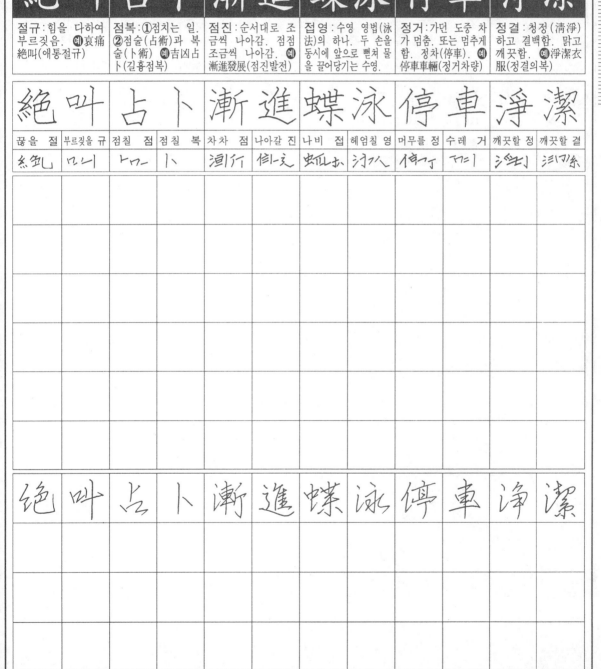

絶	叫	占	卜	漸	進	蝶	泳	停	車	淨	潔
끊을 절	부르짖을 규	점칠 점	점칠 복	차차 점	나아갈 진	나비 접	헤엄칠 영	머무를 정	수레 거	깨끗할 정	깨끗할 결

오늘의 世界名言

♡ 고독 없이는 아무것도 달성할 수 없다. 나는 예전에 나를 위해 일종의 고독을 만들었다.

피카소 : 프랑스 · 화가

重要結構

교육부선정자

政局	精讀	丁卯	頂峯	情緒	靜肅
정국 : 정치의 국면(局面)이나 정계(政界)의 정세. 예非常政局(비상정국)	정독 : 자세한 곳까지 주의 깊게 살피어 꼼꼼히 읽음. 예論文精讀(논문정독)	정묘 : 육십갑자의 네째. 예丁卯胡亂(정묘호란)	정봉 : 산의 봉우리. 산의 맨 꼭대기의 봉우리. 예高山頂峯(고산정봉)	정서 : 본능을 기초로 하여 급격하게 일어나는 온갖 감정. 예情緒敎育(정서교육)	정숙 : 실내 · 분위기 따위가 고요하고 엄숙함. 예室內靜肅(실내정숙)

政	局	精	讀	丁	卯	頂	峯	情	緒	靜	肅
정사 정	판 국	정할 정	읽을 독	고무래 정	토끼 묘	정수리 정	봉우리 봉	뜻 정	실마리 서	고요 정	엄숙할 숙

오늘의 世界名言
♡ 무턱대고 기도하기 보다는 열심히 일을 하라. 마음만 진실하면 기도가 없어도 하늘이 지켜 줄 것이다.
에스파니아 명언

重要結構　形

교육부선정자

貞淑	整形	製糖	堤防	諸位	齊唱
정숙:여자로서 행실이 곧고 마음씨가 고움. 예貞淑婦人(정숙부인)	정형:몸의 외형을 바르고 예쁘게 고침. 예整形手術(정형수술)	제당:설탕을 만듦. 설탕으로 또 다른 당류를 만듦. 예製糖工場(제당공장)	제방:강이나 바다 등에 홍수를 막기 위하여 쌓아 둔 둑. 예堤防施設(제방시설)	제위:여러분. 예先輩諸位(선배제위)	제창:여러 사람들이 다 같이 소리를 질러 부름. 예歌謠齊唱(가요제창)

貞	淑	整	形	製	糖	堤	防	諸	位	齊	唱
곧을 정	맑을 숙	정돈할 정	형상 형	지을 제	엿 당	둑 제	막을 방	모두 제	벼슬 위	가지런할 제	노래부를 창

교육부 선정자

重要結構

오늘의 世界名言

♡ 만나고, 알고, 사랑하고, 이별하는 것. 이것이 대부분의 인간들의 슬픈 사연이다.
콜리지 : 영국·시인·평론가

提携	鳥類	早晚	調査	祖上	朝夕
제휴:어떤 문제 해결이나 기술 등을 서로 붙들어 도와 줌. 예技術提携(기술제휴)	조류:몸은 깃털로 덮이고 날개가 있으며 온혈(溫血)·난생(卵生)인 새의 무리.	조만:이름과 늦음. 빠름과 더딤. 예早晚間(조만간)	조사:어떤 사실을 명확히 알기 위하여 자세히 살펴 봄. 예資料調査(자료조사)	조상:한 갈래의 혈통을 받아 오는 할아버지 이상의 어른. 예祖上始祖(조상시조)	조석:①아침과 저녁. ②「조석반」의 준말. 예朝夕晝夜(조석주야)
提携	鳥類	早晚	調査	祖上	朝夕
들 제 / 이끌 휴	새 조 / 무리 류	이를 조 / 늦을 만	고를 조 / 조사할 사	할아비 조 / 윗 상	아침 조 / 저녁 석

重要結構

教育部選定漢字

租税	燥濕	操縱	照準	組版	條項
조세:국가가 국민으로 부터 거두어 들이는 수입. 예租税徵收(조세징수)	조습:마름과 젖음. 바싹 마름과 축축히 젖음. 예乾燥濕氣(건조습기)	조종:기계 따위를 자기 마음대로 다루어 부림. 예背後操縱(제후조종)	조준:탄환·폭탄 등을 표적에 명중되도록 조정하는 일. 예照準發射(조준발사)	조판:원고에 따라 문선한 활자를 원고대로 맞추어 짜는 일. 예組版作業(조판작업)	조항:낱낱의 조목(條目)이나 세부 항목(項目). 예禁止條項(금지조항)

租	税	燥	濕	操	縱	照	準	組	版	條	項
세금 조	세금 세	마를 조	젖을 습	지조 조	세로 종	비칠 조	법도 준	짤 조	조각 판	가지 조	목 항

교육부선정자

重要結構

오늘의 世界名言

♡ 신이 우리들을 죽이기 위하여 절망을 보내는 것은 아니다. 신이 그것을 우리에게 주시는 것은, 우리 안에 새로운 생명을 불러 일으키기 위해서다.
헷세 : 독일·소설가·시인

族譜	尊卑	拙作	終了	宗廟	佐郎
족보:한 족속의 계통과 혈통에 관하여 기록한 책. 예家門族譜(가문족보)	존비:신분·지위 따위의 높음과 낮음. 예尊卑貴賤(존비귀천)	졸작:①졸렬한 작품. ②자기의 작품을 겸손히 이르는 말. 예本人拙作(본인졸작)	종료:사무나 작업 등 하던 일을 끝마침. 예業務終了(업무종료)	종묘:역대 제왕들의 위패를 모시는 왕실의 사당. 예宗廟社稷(종묘사직)	좌랑:고려·조선 시대의 육조에 딸린 정5품의 벼슬. 예吏曹佐郎(이조좌랑)

族	譜	尊	卑	拙	作	終	了	宗	廟	佐	郎
겨레 족	계보 보	높을 존	낮을 비	옹졸할 졸	지을 작	마칠 종	마칠 료	마루 종	사당 묘	도울 좌	사내 랑

族	譜	尊	卑	拙	作	終	了	宗	廟	佐	郎

오늘의 世界名言

♡ 위인은 가치를 감추고 힘 없는 나만이 남겨져 있다. 그 래도 좋다! 그 수줍은 고독을 되찾자. 나에게는 아직 이「마 음과 배우는 길이 남아 있다.
위고 : 프랑스·시인·소설가

重要結構

교육부선정자

坐禪	座席	左右	走狗	朱丹	株式
좌선:가부좌를 하고 정신을 집중한 무념 무상의 상태. 예參禪 坐禪(참선좌선)	좌석:①앉는 자리. ②여러 사람이 모인 자리. 예座席配置 (좌석배치)	좌우:①왼쪽과 오른쪽. ②옆 또는 곁. 예左右衝突(좌우충돌)	주구:①사냥개. ②옆 또는 곁. 예走狗密告(주구밀고)	주단:곱고 붉은 색. 또는, 그 칠. 예丹靑朱丹(단청주단)	주식:주식회사의 자본을 이루는 단위. 예株式去來(주식거래)

坐	禪	座	席	左	右	走	狗	朱	丹	株	式
앉을 좌	고요할 선	자리 좌	자리 석	왼 좌	오른쪽 우	달아날 주	개 구	붉을 주	붉을 단	그루 주	법 식

坐	禪	座	席	左	右	走	狗	朱	丹	株	式

교육부선정자

오늘의 世界名言

♡ 고독하게 살아라! 그것은 말하기는 쉬워도 실행하기는 극히 어렵다. 거의 절대적으로 어려운 일이다.
　　뤼케르트 : 독일 · 시인

重要結構

晝夜	周圍	注油	主治	住宅	俊秀
주야 : ①밤과 낮. ②밤낮을 가리지 않고 계속하는 일. 예晝夜不息(주야불식)	주위 : ①어떤 지점의 바깥 둘레. ②사물 · 사람 등을 둘러싸고 있는 환경.	주유 : 차량 · 선박 · 항공기 등에 기름을 넣는 것. 예注油給油(주유급유)	주치 : 주로 맡아서 치료한 한 사람의 의사가 치료를 주관함. 예主治醫(주치의)	주택 : 사람이 생활하면서 살 수 있도록 지은 집. 예住宅團地(주택단지)	준수 : ①재주와 슬기가 남달리 뛰어남. ②풍채가 썩 빼어남. 예容貌俊秀(용모준수)

晝	夜	周	圍	注	油	主	治	住	宅	俊	秀
낮 주	밤 야	두루 주	둘레 위	물댈 주	기름 주	주인 주	다스릴 치	머무를 주	집 택	준걸 준	빼어날 수
긔늘	方攵	門긂	門宙디	氵二	氵기二	ㄱ二	氵ㄱ지	亻二	宀ㄴ	亻섯久	千ﾉㅋ
晝	夜	周	圍	注	油	主	治	住	宅	俊	秀

오늘의 世界名言

♡ 어떠한 불행 속에도 행복은 남겨져 있다. 어디에 좋은 일이 있으며, 어디에 나쁜 일이 있는지를 우리가 모르고 있을 따름이다.
게오르규 : 루마니아 · 망명작가

重要結構

교육부선정자

遵守	中央	卽效	證據	贈賜	增産
준수 : 규칙이나 명령 등을 그대로 좇아서 지킴. 例規則遵守(규칙준수)	중앙 : 사방의 한가운데. 중심이 되는 중요한 것. 例中央部署(중앙부서)	즉효 : 즉시에 나타나는 효력. 효과가 빠른 것. 例處方卽效(처방즉효)	증거 : 어떤 문제의 사실을 증명할 수 있는 근거. 例證據湮滅(증거인멸)	증사 : 증정(贈呈)과 하사(下賜). 보내고 주는 것.	증산 : 식량 또는 공산품 등의 생산을 증가함. 例食糧增産(식량증산)

遵	守	中	央	卽	效	證	據	贈	賜	增	産
따를 준	지킬 수	가운데 중	가운데 앙	곧　즉	본받을 효	증거 증	의거할 거	줄　증	줄　사	더할 증	낳을 산

遵	守	中	央	卽	效	證	據	贈	賜	增	産

오늘의 世界名言

♡ 자신의 고뇌를 세밀하게 살펴 보는 것이야 말로 자신의 마음을 위로하는 수단이다.

스탕달 : 프랑스·소설가

重要結構

교육부선정자

曾孫	止揚	支拂	遲延	枝葉	指針
증손:손자의 아들. 「증손자(曾孫子)」의 준말. 예曾孫女(증손녀)	지양:어떤 것을 자체로는 부정하면서도 한층 높은 단계에서는 긍정으로 살리는 일.	지불:①돈을 치러 줌. ②물건 값을 갚아 줌. 예貸金支拂(대금지불)	지연:시간을 늦추거나 시간이 늦추어 짐. 예決定遲延(결정지연)	지엽:①식물의 가지와 잎. ②중요하지 아니한 부분. 예花草枝葉(화초지엽)	지침:생활이나 행동 등의 방향과 방법같은 것을 인도하여 주는 길잡이.

曾	孫	止	揚	支	拂	遲	延	枝	葉	指	針
일찍 증	손자 손	그칠 지	나타날 양	지탱할 지	떨칠 불	더딜 지	끌 연	가지 지	잎사귀 엽	손가락 지	바늘 침

오늘의 世界名言

♡「산에는 왜 오르는가?」
「산이 거기 있기 때문이다.」

G. 마로리 : 영국 · 작가

重要結構

교육부선정자

智慧	直徑	陳述	眞僞	振幅	珍品
지혜:사물의 이치를 깨달아 생각해 내는 재능. 예才致智慧(재치지혜)	직경:「지름」의 구용어. 원이나 구의 중심을 지나서 그 둘레의 두 점을 이은 선.	진술:서면 또는 구술로 자세하게 말함. 예陳述拒否(진술거부)	진위:참과 거짓. 예眞僞判斷(진위판단)	진폭:진동하는 물체의 원점으로 부터 가장 많이 이동한 거리.	진품:진귀한 물품. 보배롭고 귀한 물품. 예珍品名品(진품명품)

智慧	直徑	陳述	眞僞	振幅	珍品
지혜 지 / 지혜 혜	곧을 직 / 지름길 경	벌일 진 / 지을 술	참 진 / 거짓 위	떨칠 진 / 넓이 폭	보배 진 / 품수 품

오늘의 世界名言

♡ 어떤 일도 견딜 수 있는 사람은 어떤 일도 끝까지 실천할 수 있는 사람이다. 인내는 희망을 자아내는 기술이다.
보브날그 : 프랑스 · 모랄리스트

重要結構

교육부선정자

秩序	質疑	執權	懲戒	借用	此際
질서:진행하는 사람 또는 사물의 차례나 순서. 예交通秩序(교통질서)	질의:어떤 문제의 의심이 나는 점을 물어서 밝힘. 예質疑內容(질의내용)	집권:정치의 운영 권력인 정권을 잡음. 예執權與黨(집권여당)	징계:허물을 뉘우치도록 경계하고 나무람. 예懲戒處分(징계처분)	차용:돈이나 물건 등을 빌려서 씀. 특히 돈을 꾸어쓰는 것. 예借用金(차용금)	차제:이 기회. 이즈음. 예此際分明(차제분명)
秩序	質疑	執權	懲戒	借用	此際
차례 질	차례 서	바탕 질	의심할 의	잡을 집	권세 권	징계할 징	경계할 계	빌릴 차	쓸 용	이 차	즈음 제

오늘의 世界名言

♡ 무릇 인간이 자발적으로 고뇌를 받는 동안에는, 또 그것으로 자신을 즐겁게 하는 자유 의사를 갖고 있다.
니체 : 독일·시인·철학가

教育部選定漢字

重要結構

교육부선정자

差 出	錯 誤	贊 反	讚 頌	慚 愧	倉 庫
차출 : ①어떤 일을 시키려고 사람을 뽑아 냄. ②관원을 임명함. 예人員差出(인원차출)	착오 : 실재의 것으로 착각하여 잘못함. 예錯誤發生(착오발생)	찬반 : 찬성(贊成)과 반대(反對). 찬부(贊否). 예贊反投票(찬반투표)	찬송 : 아름답고 어진 덕을 기리어 칭찬함. 예讚美讚頌(찬미찬송)	참괴 : 마음이나 양심에 부끄럽게 여김. 예慚愧唐慌(참괴당황)	창고 : 물건을 저장하거나 보관하는 건물. 예倉庫管理(창고관리)
差 出	錯 誤	贊 反	讚 頌	慚 愧	倉 庫
어긋날 차 / 날 출	그를 착 / 그릇 오	찬성할 찬 / 돌이킬 반	기릴 찬 / 칭송할 송	부끄러울참 / 부끄러울괴	창고 창 / 창고 고

오늘의 世界名言

♡ 역경에서 죽음을 경시하기는 쉬운 일이다. 불행한 채로 살 수 있는 사람은 더욱 용감한 사람이다.
　몽테뉴 : 프랑스 · 사상가

教育部選定漢字

重要結構

교육부선정자

蒼空	暢達	創造	滄波	債務	採擇
창공 : 드높은 푸른 하늘. 창천(蒼天). 예蒼空飛行(창공비행)	창달 : ①구김살없이 펴거나 자람. ②막힘이 없이 통함. 예文化暢達(문화창달)	창조 : ①어떤 목적으로 문화·물질적 가치를 이룩함. ②조물주가 처음 만듦.	창파 : 푸른 물결. 창랑(滄浪). 예萬頃滄波(만경창파)	채무 : 채무자가 채권자에게 어떤 급부를 해야할 의무. 예債務債權(채무채권)	채택 : 어떤 목적의 여러 방법 중 가려서 뽑음. 예方案採擇(방안채택)
蒼空	暢達	創造	滄波	債務	採擇
푸를 창	하늘 공	화창할 창	통달할 달	비로소 창	지을 조	큰바다 창	물결 파	빚질 채	힘쓸 무	캘 채	가릴 택

오늘의 世界名言

♡ 내세의 행복이 현재의 그 것과 같이 자세하게 이해된 다면, 살고 있다는 것은 고통스럽게 될 것이다.
토머스 브라운 : 영국·저술가

重要結構

교육부선정자

策 略	冊 曆	悽 慘	斥 候	薦 拔	千 弗
책략 : 일을 처리하는 꾀와 방법. 책모(策謀). 예方法策略(방법책략)	책력 : 천체를 관찰하여 해와 달의 운행 및 절기 등을 적어 놓은 책.	처참 : 어떤 사태로 인하여 빚어진 슬프고 참혹한 광경. 예慘酷悽慘(참혹처참)	척후 : 적의 형편이나 동정·지형 등을 정찰하고 탐색함. 예斥候偵察(척후정찰)	천발 : 어떤 일에 적합하거나 뛰어난 인재를 뽑아 추천함. 예人材薦拔(인재천발)	천불 : 불화(弗貨)인 달러(Dallar)로 천달러를 말함. 예美貨千弗(미화천불)

策	略	冊	曆	悽	慘	斥	候	薦	拔	千	弗
꾀 책	간략할 략	책 책	책력 력	슬플 처	슬플 참	내칠 척	염탐할 후	드릴 천	맬 발	하늘 천	다행 행

策	略	冊	曆	悽	慘	斥	候	薦	拔	千	弗

교육부선정자

오늘의 世界名言

♡ 기쁜 마음으로 일하고, 그리고 행한 일을 기뻐할 수 있는 사람은 행복하다.
괴테 : 독일·시인·극작가

重要結構

泉井	天幸	鐵鋼	徹底	尖兵	添酌
천정:샘과 우물	천행:하늘이 도와 준 다행. 하늘이 준 은혜. 예千萬天幸 (천만천행)	철강:강철. 기계나 기구 등의 재료로 쓰이는 철. 예鐵鋼 資材(철강자재)	철저:속속들이 투 철하여 빈틈이 없 음. 예調查徹底(조 사철저)	첨병:전투 지역의 행 군에서 부대의 전방을 경계·수색하는 소부 대. 또는 그 군사.	첨작:제사 때에 종헌을 드린 잔에 다시 술을 가득히 붓는 일.

泉	井	天	幸	鐵	鋼	徹	底	尖	兵	添	酌
일천 천	아니 불	샘 천	우물 정	쇠 철	강철 강	관철할 철	밑 저	뾰족할 첨	군사 병	더할 첨	잔질할 작

오늘의 世界名言

♡ 우리는 타인에게 행복을 나누어 주는 것과 정비례로 그것만큼 자기의 행복을 더 하게 하는 것이다.
벤덤 : 영국·철학자·법학자

重要結構

교육부선정자

妾室	青銅	晴朗	清掃	初段	抄本
첩실:본처가 아닌 '첩'을 점잖게 이르는 말. 또는 상스럽게 조롱하는 말.	청동:구리와 주석을 주성분으로 하고 아연·납 등을 섞은 합금. 예青銅器(청동기)	청랑 : 날씨 등이 맑고 명랑함. 예晴朗蒼空(청랑창공)	청소:더러운 것들을 없애고 깨끗이 하는 것. 예清掃當番(청소당번)	초단:①계단 등의 첫단. ②태권도·유도·바둑 따위의 첫 번째 단. ③그것들의 1단.	초본:원본에서 일부 내용만을 뽑아서 베낀 문서. 예戶籍抄本(호적초본)

妾	室	青	銅	晴	朗	清	掃	初	段	抄	本
첩 첩	집 실	푸를 청	구리 동	갤 청	밝을 랑	맑을 청	쓸 소	처음 초	층계 단	베낄 초	근본 본

오늘의 世界名言

♡ 행복이란 같은 취미와 같은 의견을 가진 사람들의 교제로써 촉진된다. 인간적 행복을 원하는 사람은 칭찬을 더 많이 하고 시기심을 줄여야만 한다.
러셀: 영국·철학자·평론가

 教育部選定漢字

 重要結構 漏

교육부선정자

招聘	肖似	超越	燭淚	寸陰	銃劍
초빙: 예를 갖추어 불러 맞아들임. 예招聘講師(초빙강사)	초사: 매우 닮음. 예肖似近似(초사근사)	초월: 일정한 한계나 영역을 뛰어 넘음. 예限界超越(한계초월)	촉루: 촛농. 초가 탈 때에 녹아내리는 기름. 예燭淚犧牲(촉루희생)	촌음: 썩 짧은 시간. 얼마 안 되는 시간. 예寸陰寸刻(촌음촌각)	총검: ①총과 검. ②총의 끝에 잇는 대검(帶劍). 예銃劍技術(총검기술)

招	聘	肖	似	超	越	燭	淚	寸	陰	銃	劍
부를 초	부를 빙	같을 초	같을 사	넘을 초	넘을 월	촛불 촉	눈물 루	마디 촌	그늘 음	총 총	칼 검

오늘의 世界名言

♡ 미소라는 것은 정신이 우수하고 훌륭하다는 가장 미묘하고 역연한 징표이다.
샌트 뵈브 : 프랑스·비평가·시인

重要結構

교육부선정자

聰氣	總額	最低	催促	推步	抽象
총기:총명한 기운. 총명한 기질. 예聰氣潑剌(총기발랄)	총액:전체의 합한 액수. 모두 합한 액수. 예合計總額(합계총액)	최저:가장 낮음. 제일 낮음. 가장 밑바닥. 예最低價格(최저가격)	최촉:재촉. 빨리 이행할 것을 요구함. 예催促請求(최촉청구)	추보:천체의 운행을 관측하여 역(曆)을 만드는 일.	추상:공통된 성질을 뽑아 이를 일반적인 개념으로 파악함. 예抽象槪念(추상개념)

聰	氣	總	額	最	低	催	促	推	步	抽	象
귀밝을 총	기운 기	거느릴 총	이마 액	가장 최	낮을 저	재촉할 최	재촉할 촉	밀 추	걸음 보	뽑을 추	코끼리 상

聰	氣	總	額	最	低	催	促	推	步	抽	象

교
육
부
선
정
자

오늘의 世界名言

♡ 언제나 먼데로만 가려는가. 보라, 좋은 것은 가까운데 있는 것을. 다만 행복을 얻는 방법을 배우면 된다. 행복은 언제나 눈 앞에 있으니까.
괴테 : 독일·시인·극작가

秋收	醜雜	追徵	祝賀	築港	春夏
추수:가을에 익은 곡식을 거두어들임. 가을걷이. 추확(秋穫). 예秋收感謝(추수감사)	추잡:말이나 행동 따위가 더럽고 잡스러움. 예醜雜行實(추잡행실)	추징:세금 등을 나중에 추가로 물리어 거둠. 예稅金追徵(세금추징)	축하:남의 좋은 일에 기쁜 뜻으로 인사를 하는 것. 예祝賀膳物(축하선물)	축항:항구(港口)를 구축함. 또는 그 항구. 항구를 만듦. 예築港施設(축항시설)	춘하:봄여름. 봄과 여름. 예春夏秋冬(춘하추동)

가을 추	거둘 수	추할 추	섞일 잡	쫓을 추	부를 징	빌 축	하례 하	쌓을 축	항구 항	봄 춘	여름 하

오늘의 世界名言

♡ 모든 인간의 가장 기본적인 특정은 행복에의 추구다. 이 행복에의 추구가 온갖 인간행동의 가장 근본적인 동기다.

　　뒤파유 : 영국·작가

重要結構

교육부선정자

衝突	醉客	取捨	層階	測量	恥辱
충돌 : ①서로 맞부딪침. ②의견이 서로 맞섬. 예意見衝突(의견충돌)	취객 : 술에 취한 사람. 예醉客醉漢(취객취한)	취사 : 쓸 것은 쓰고 버릴 것은 버리는 것. 예取捨選擇(취사선택)	층계 : 층층이 위로 올라가도록 만들어 놓은 설비. 계단. 예層階階段(층계계단)	측량 : 물건의 크기나 위치 등을 재어서 헤아림. 예測量器械(측량기계)	치욕 : 부끄러움과 욕됨. 수치와 모욕. 예恥辱歷史(치욕역사)

衝	突	醉	客	取	捨	測	量	層	階	恥	辱
찌를 충	부딪칠 돌	취할 취	손 객	취할 취	버릴 사	층 층	섬돌 계	측량할 측	헤아릴 량	부끄러울치	욕될 욕

오늘의 世界名言

♡ 인간은 남이 행복하지 않은 것을 극히 당연한 것으로 생각하면서도, 우리 자신이 행복하지 않은 데 대해서는 언제나 이해를 하지 못한다.
엣센바흐 : 독일·작가

重要結構

교육부선정정자

親睦	漆黑	寢臺	沈默	枕屛	浸透
친목 : 서로 친하여 뜻이 맞고 서로 정답게 지냄. 예親睦圖謀(친목도모)	칠흑 : 옻칠처럼 검고 광택이 있음. 또는 그런 빛깔. 예漆黑深夜(칠흑심야)	침대 : 사람이 누워 잘 수 있게 만든 가구. 곧 침상(寢床). 예寢臺家具(침대가구)	침묵 : 아무 말 없이 잠잠히 있음. 대꾸 없이 입을 다묾. 예始終沈默(시종침묵)	침병 : 머릿병풍. 머리맡에 치는 작은 병풍. 예枕屛曲屛(침병곡병)	침투 : ①액체 등이 스미어 젖어 들어감. ②현상·군사·사상 등이 스며 듦.

親	睦	漆	黑	寢	臺	沈	默	枕	屛	浸	透
친할 친	화목할 목	옻칠할 칠	검을 흑	잠잘 침	토대 대	잠길 침	잠잠할 묵	베게 침	병풍 병	적실 침	통할 투

오늘의 世界名言

♡ 인간이 이 세상에 존재하는 것은 부자가 되기 위해서가 아니라 행복하게 되기 위해서이다.
　　스탕달 : 프랑스·소설가

教育部選定漢字

重要結構

快哉	墮落	打鍾	妥協	琢磨	炭鑛
쾌재 : 통쾌한 일. 또는 '통쾌하다'고 하는 말. 예快哉快感(쾌재쾌감)	타락 : 올바른 길에서 벗어나 나쁜 행실에 빠짐. 예墮落天使(타락천사)	타종 : 종을 침. 예打鍾信號(타종신호)	타협 : 양편 모두 서로 양보하여 좋도록 협의함. 예妥協方案(타협방안)	탁마 : ①옥석을 쪼고 갊. ②학문이나 덕행을 닦음. 예切磋琢磨(절차탁마)	탄광 : 「석탄광(石炭鑛)」의 준말. 석탄을 캐내는 광산. 예炭鑛坑口(탄광갱구)

快	哉	墮	落	打	鐘	妥	協	琢	磨	炭	鑛
쾌할 쾌	어조사 재	떨어질 타	떨어질 락	칠 타	쇠북 종	타협할 타	도울 협	다듬을 탁	갈 마	숯 탄	쇳덩이 광

快	哉	墮	落	打	鐘	妥	協	琢	磨	炭	鑛

오늘의 世界名言

♡ 행복한 사람이란 객관적으로 살고 있는 사람이다. 자유로운 애정과 광범위한 흥미를 갖고 있는 인간이다.
러셀 : 영국 철학자 · 평론가

重要結構

歡聲	脫線	貪慾	殆半	泰山	太陽
탄성:①탄식하는 소리. ②감탄·감격하는 소리. ⑩歡聲喊聲(탄성함성)	탈선:①기차 따위가 궤도를 벗어남. ②언행이 나쁜 방향으로 빗나감의 비유.	탐욕:지나치게 탐하는 욕심. ⑩陰凶貪慾(음흉탐욕)	태반:거의 절반. 절반에 가까운 수량이나 수효. ⑩殆半誤答(태반오답)	태산:①썩 높고 큰 산. ②'크고 많음'을 비유한 말. ⑩念慮泰山(염려태산)	태양:태양계의 중심에 위치하며 지구에서 가장 가까운 항성. ⑩民族太陽(민족태양)

歡	聲	脫	線	貪	慾	殆	半	泰	山	太	陽
탄식할 탄	소리 성	벗을 탈	실 선	탐낼 탐	욕심 욕	위태할 태	반 반	클 태	뫼 산	클 태	볕 양

歡	聲	脫	線	貪	慾	殆	半	泰	山	太	陽

오늘의 世界名言

♡ 많거나 적거나 고통을 가지지 않고 살 수 있는 그런 행복이 이 세상에 있을까?
M·올리판트 : 브라질·시인

重要結構

吐露	討伐	土壤	統帥	痛症	退却
토로:속 마음을 다 드러내어서 말함. 예心情吐露(심정토로)	토벌:반란자 등 적이 되어 맞서는 무리를 병력으로 공격하여 없앰.	토양:곡물 등이 생장할 수 있는 흙. 예土壤汚染(토양오염)	통수:일체를 통합하여 거느림. 또는 그런 사람. 통령(統領). 예大統領統帥(대통령통수)	통증:병이나 상처 따위로 어떤 부위의 아픈 증세. 예痛症治療(통증치료)	퇴각:전투나 공세 따위에 밀리어 뒤로 물러감. 예退却命令(퇴각명령)
吐露	討伐	土壤	統帥	痛症	退却
토할 로	이슬 로	칠 토	칠 벌	흙 토	땅 양	거느릴 통	거느릴 수	아플 통	병세 증	물러날 퇴	물리칠 각

規律 녹신준지

오늘의 世界名言

♡ 나는 지금까지 자기의 욕망을 충족시키려고 애쓰는 것보다는, 그것을 제한함으로써 행복을 구하는 것을 배워 왔다.
　　J.S.밀 : 영국·철학자

重要結構

投資	特殊	派遣	頗多	罷免	播種
투자 : 이익을 얻을 목적으로 사업 등에 자금을 댐. 출자. 예投資信託(투자신탁)	특수 : 보통의 것과는 특별이 다름. 예特殊狀況(특수상황)	파견 : 일정한 임무나 사명을 주어 사람을 현지로 보냄. 예海外派遣(해외파견)	파다 : 자못 많음. 매우 많음. 또는 그런 상태. 예所聞頗多(소문파다)	파면 : 잘못 등이 있어 직무나 직업에서 쫓아냄. 예罷免處分(파면처분)	파종 : 논밭에 곡식의 씨앗을 뿌리는 일. 예播種時期(파종시기)

投	資	特	殊	派	遣	頗	多	罷	免	播	種
던질 투	재물 자	특별할 특	다를 수	물갈래 파	보낼 견	치우칠 파	많을 다	파할 파	면할 면	뿌릴 파	씨 종

오늘의 世界名言

♡ 천재, 그것은 결코 없다. 다만 노력과 방법이 있을 뿐이다. 부단히 계획하는 데 있다.
　로댕 : 프랑스 · 조각가

교육부선정자

破片	販路	編修	平和	廢棄	弊端
파편 : 깨어진 조각. 깨어져 부서진 조각. 예傷處破片(상처파편)	판로 : 상품이 팔리는 방면이나 길. 예販路擴張(판로확장)	편수 : 여러 가지 자료를 모아 책을 지어냄. 예編修資料(편수자료)	평화 : ①평온하고 화목함. ②전쟁이 없이 세상이 평온함. 예戰爭平和(전쟁평화)	폐기 : ①못쓰는 것을 내버림. ②조약 · 명령 따위를 무효로 함.	폐단 : 어떤 일이나 행동에 있어서 옳지 못한 경향이나 해로운 현상.

破	片	販	路	編	修	平	和	廢	棄	弊	端
깨뜨릴 파	조각 편	팔 판	길 로	엮을 편	닦을 수	평평할 평	화목할 화	폐할 폐	버릴 기	폐단 폐	끝 단

오늘의 世界名言

♡ 완전한 것은 하늘의 척도이며, 완전하려고 하는 것은 인간의 척도이다.
괴테 : 독일·시인·극작가

重要結構

閉幕	捕捉	飽腹	浦村	包含	爆彈
폐막:①연극 따위가 다 끝나 막을 내림. ②어떤 행사 따위가 끝남.	포착:①꼭 붙잡음. ②요점·요령을 얻음. ③어떤 기회 등을 앎. 예機會捕捉(기회포착)	포복:배부르게 먹음. 포식. 예飽服飽食(포복포식)	포촌:바다의 갯가에 있는마을. 예漁村浦村(어촌포촌)	포함:일정한 사물 속에 함께 들어 있거나 함께 넣음. 예稅金包含(세금포함)	폭탄:금속 용기에 폭발약을 장치한 탄알「폭발탄(爆發彈)」준말. 예核爆彈(핵폭탄)

閉	幕	捕	捉	飽	腹	浦	村	包	含	爆	彈
닫을 폐	장막 막	잡을 포	잡을 착	배부를 포	배 복	물가 포	마을 촌	쌀 포	머금을 함	폭발할 폭	탄환 탄

오늘의 世界名言

♡ 나는 완고(頑固)한 덕보
다는 융통성이 있는 악덕을
좋아한다.
　몰리에르 : 프랑스 · 극작가

重要結構

裏

漂流	表裏	標識	楓菊	風霜	豊穫
표류:①물에 떠서 흘러감. ②정처 없이 떠돌아다님. 예 失踪漂流(실종표류)	표리:겉과 속. 안과 밖. 예 表裏不同(표리부동)	표지:다른 것과 구별하여 알게 하는데 필요한 표시나 특징. 예 標識(표식)	풍국:①단풍(丹楓)과 국화(菊花). 예 霜露楓菊(상로풍국)	풍상:①바람과 서리. ②세상의 모진 고난이나 고통을 비유. 예 世波風霜(세파풍상)	풍확:풍요(豊饒)와 수확(收穫). 곧 풍성한 수확이란 말. 예 秋收豊穫(추수풍확)

漂	流	表	裏	標	識	楓	菊	風	霜	豊	穫
뜰 표	흐를 류	거죽 표	속 리	표할 표	기록할 지	단풍 풍	국화 국	바람 풍	서리 상	풍년 풍	거둘 확

오늘의 世界名言

♡ 겸손은 하나의 장식이다. 그런데 이 장식을 하지 않은 채 사람들은 돌아 다닌다.
그릴파르처 : 오스트리아·극작가

重要結構

皮膚	彼我	被侵	疲怠	畢竟	匹夫
피부:동물의 몸을 싸고 있는 조직. 살갗. 예皮膚感覺(피부감각)	피아:①저와 나. 저편과 이편. ②적군과 아군. 예彼我之間(피아지간)	피침:침범이나 저촉을 당함. 예敵軍被侵(적군피침)	피태:피곤(疲困)과 태만(怠慢).	필경:마침내. 결국에는. 예畢竟逃走(필경도주)	필부:①한 사람의 남자. ②대수롭지 않은 평범한 남자. 예匹夫之勇(필부지용)

皮	膚	彼	我	被	侵	疲	怠	畢	竟	匹	夫
가죽 피	살갗 부	저 피	나 아	입을 피	범할 침	고달플 피	게으를 태	마칠 필	마침내 경	짝 필	지아비 부

오늘의 世界名言

♡ 매일을 그대를 위한 최후의 날이라고 생각하라. 그렇게 하면 기대하지도 않던 오늘을 얻어 기쁨을 맛볼 것이다.

호라티우스 : 로마·시인

重要結構

교육부선정자

必須	河川	閑暇	寒暑	旱炎	汗蒸
필수 : 꼭 필요함. 꼭 하여야 하거나 있어야 함. 예必須科目(필수과목)	하천 : 시내. 강. 예河川敷地(하천부지)	한가 : 별로 할 일이 없이 틈이 있음 예閑暇時間(한가시간)	한서 : ①추위와 더위. ②겨울과 여름. 서한. 예溫冷寒暑(온냉한서)	한염 : 가물 때의 불꽃 같은 더위. 가뭄의 불볕 더위. 예盛夏旱炎(성하한염)	한증 : 몸을 덥게 하고 땀을 내어 병을 치료하는 일. 예汗蒸幕室(한증막실)

必	須	河	川	閑	暇	寒	暑	旱	炎	汗	蒸
반드시 필	모름지기수	물 하	내 천	한가할 한	겨를 가	찰 한	더울 서	가물 한	불꽃 염	땀 한	증기 증

오늘의 世界名言

♡ 이 일은 나로서는 도저히 할 수 없다고 스스로 믿고 덤벼드는 것은, 그것을 스스로 될 수 없게 하는 수단이다.

워너메이커 : 미국·실업가

重要結構

교육부선정자

割引	陷沒	咸池	合格	抗拒	巷說
할인:일정한 값에서 얼마간의 값을 감함. 예割引價格(할인가격)	함몰:①물 속이나 땅 속으로 모짝 빠짐. ②재난을 당해 멸망함.	함지:동쪽에서 돋아 서쪽으로 해가 진다고 하는 큰 못.	합격:일정한 자격을 얻기 위한 시험·검사 따위에 통과함. 예合格通知(합격통지)	항거:대항함. 순종하지:아니하고 맞서서 반항함. 예無言抗拒(무언항거)	항설:항간에서 뭇 사람 사이에 떠도는 말. 항담. 가담. 예巷說巷語(항설항어)

割	引	陷	沒	咸	池	合	格	抗	拒	巷	説
나눌 할	끌 인	빠질 함	빠질 몰	다 함	못 지	합할 합	법식 격	항거할 항	항거할 거	거리 항	말씀 설

오늘의 世界名言

♡ 현명한 사람은 한 번의 인생으로 충분하지만, 어리석은 사람은 영원한 생명을 주었다 해도 그것을 어떻게 써야 좋을지 모를 것이다.
솔제니친 : 미국·망명소설가

重要結構

교육부선정자

恒時	奚琴	該博	核心	行脚	享祀
항시:①늘. 항상(恒常) ·상시(常時).「평상시(平常時)」의 준말. 예恒時運動(항시운동)	해금:둥근 나무통에 긴 나무를 박고 두 가닥의 줄을 맨 민속 악기의 하나.	해박:학문이 넓음. 여러 방면으로 학식이 넓음. 예該博知識(해박지식)	핵심:사물의 중심이 되는 가장 요긴한 부분. 알맹이. 예核心人物(핵심인물)	행각:어떤 목적으로 여기저기 돌아다님. 예愛情行脚(애정행각)	향사:제사(祭祀). 신령이나 죽은 이의 넋을 달래기 위한 정성을 나타내는 의식.

恒時 奚琴 該博 核心 行脚 享祀

항상 항	때 시	어찌 해	거문고 금	해당할 해	너를 박	씨 핵	마음 심	갈 행	다리 각	누릴 향	제사 사

교육부선정자

오늘의 世界名言

♡ 희망은 한 치 앞도 볼 수 없는 바다 위가 아니면, 그 아름다운 나래를 펼칠 수가 없다.
에머슨 : 미국·사상가·시인

敎 育 部 選 定 漢 字

重要結構

新

香 臭	許 諾	軒 燈	憲 法	革 新	現 代
향취 : ① 향 냄새. 향기. ②향을 피울 때 나는 좋은 냄새. 예香臭漫然(향취만연)	허락 : 청하고 바라는 바를 들어줌. 예外出許諾(외출허락)	헌등 : 처마 밑에 다는 등. 예玄關軒燈(현관헌등)	헌법 : 국가의 통치체제에 관한 근본 원칙을 정한 기본법. 예憲法改定(헌법개정)	혁신 : 묵은 풍속·관습·조직·방법 등을 바꾸어 새롭게 함. 예革新主義(혁신주의)	현대 : ①지금의 이 시대. ②역사학에서의 시대 구분의 하나. 예現代建物(현대건물)

香	臭	許	諾	軒	燈	憲	法	革	新	現	代
향기 향	냄새 취	허락할 허	허락 락	추녀끝 헌	등잔 등	법 헌	법 법	가죽 혁	새 신	나타날 현	대신할 대

오늘의 世界名言

♡ 여자는, 커다란 잘못은 용서할 것이다. 그러나 작은 모욕은 결코 잊어 버리지 않는다.

─ 토머스 해리버튼 : 영국·작가

重要結構

교육부선정자

懸賞	弦月	賢哲	顯忠	穴居	血脈
현상:어떤 목적으로 조건을 붙여 상금이나 상품을 내거는 일. 예懸賞金(현상금)	현월:초승달. 초승에 돋는 눈썹처럼 가느다란 조각달. 예初月弦月(초월현월)	현철:어질고 사리에 밝음. 또는 그 사람. 예明哲賢哲(명철현철)	현충:충혈을 드러내어 기림. 또는 기리는 그 충렬. 예顯出忠烈(현출충렬)	혈거:동굴 속에서 삶. 굴에서 삶. 예穴居野處(혈거야처)	혈맥:①피가 도는 줄기. ②혈통(血統) ③승계를 잇는 제자. 예血脈相通(혈맥상통)
懸 賞	弦 月	賢 哲	顯 忠	穴 居	血 脈
매달 현	상줄 상	활시위 현	달 월	어질 현	밝을 철	나타날 현	충성 충	구멍 혈	살 거	피 혈	맥 맥

매달 현	상줄 상	활시위 현	달 월	어질 현	밝을 철	나타날 현	충성 충	구멍 혈	살 거	피 혈	맥 맥
懸	賞	弦	月	賢	哲	顯	忠	穴	居	血	脈

교육부선정자

오늘의 世界名言

♡ 진리는 진리의 체계 속에 갇혀지면 상실된다고 확신한다. 체계는 부분이 서로 지탱하며 유지되는 세계라서 결코 사고(思考)가 아니다.
아랑 : 프랑스 · 소설가

刑罰	螢雪	兄弟	亨通	豪傑	好言
형벌 : 범죄를 저지른 사람에게 벌로 주는 제재(制裁). 예刑罰主義(형벌주의)	형설 :「반딧불과 눈빛으로 글을 읽었다는 고사」로 고생하면서 꾸준히 학업을 닦음.	형제 : ①형과 아우. 곤계(昆季). ②동기(同氣). ③같은 민족. 예兄弟姉妹(형제자매)	형통 : 모든 일들이 뜻하는 데로 잘 되어감. 예萬事亨通(만사형통)	호걸 : 지용(智勇)이 뛰어나고 도량과 기개를 갖춘 사람. 예英雄豪傑(영웅호걸)	호언 : 친절하고 좋은 말.

刑	罰	螢	雪	兄	弟	亨	通	豪	傑	好	言
형벌 형	벌줄 벌	반딧불 형	눈 설	만 형	아우 제	형통할 형	통할 통	호걸 호	호걸 걸	좋을 호	말씀 언

오늘의 世界名言

♡ 인간을 일하게 하고 활동하게 하는 것은, 모두 희망이다. 그러므로 허위가 아닌 유일한 사상은 물모의 사상이다.

　카뮈 : 프랑스 · 소설가

重要結構

教育部選定漢字

浩然	胡笛	户籍	互惠	或者	婚談
호연:①마음이 넓고 태연함. ②물의 흐름이 그침없음. 예浩然之氣(호연지기)	호적:태평소. 단단한 나무의 속을 파서 만든 국악기의 한 가지. 날라리.	호적:한집안의 호주를 중심으로 본적·성명·생년월일 등을 차례로 적은 공문서.	호혜:서로 특별한 편익을 주고받는 일 예互惠貿易(호혜무역)	혹자:①어떤 사람. ②혹시(或是). 예或者誤認 (혹자오인)	혼담:혼인에 관하여 오가는 말. 연담(緣談). 예男女婚談(남녀혼담)

浩	然	胡	笛	户	籍	互	惠	或	者	婚	談
넓을 호	그러할 연	오랑캐 호	저 적	집 호	호적 적	서로 호	은혜 혜	혹 혹	놈 자	혼인할 혼	말씀 담

오늘의 世界名言

♡ 만일 사상이 옮겨진다는 것이 사실이라면, 사상은 장소를 바꿈에 따라 변할 것이라는 것도 그에 못지 않게 진실일 것이다.
　모로아 : 프랑스·소설가

重要結構

混濁	紅蓮	洪水	鴻雁	弘益	禾穀
혼탁 : ①불순한 것들이 섞여 흐림. ②정치·사회 현상 따위가 어지럽고 흐림.	홍련 : 붉은 연꽃.	홍수 : ①장마로 번창하는 큰 물. ⑴사물 등이 아주 많음. 예洪水氾濫(홍수범람)	홍안 : 큰 기러기와 작은 기러기. 예飛鳥鴻雁(비조홍안)	홍익 : ①큰 이익. ②널리 이롭게 함. 예弘益人間(홍익인간)	화곡 : 벼. 벼에 딸린 곡식의 총칭. 예禾穀糧食(화곡양식)
混 濁	紅 蓮	洪 水	鴻 雁	弘 益	禾 穀
썩을 혼 / 흐릴 탁	붉을 홍 / 연꽃 연	클 홍 / 물 수	기러기 홍 / 기러기 안	넓을 홍 / 더할 익	벼 화 / 곡식 곡

오늘의 世界名言

♡ 진리의 존부(存否)에 대한 논쟁은 하기 어렵다. 오직 진리의 한계(限界)에 대해서만은 논쟁이 되는 것이다.

ㅡ 루우드빗히 베르네 : 독일·평론가

重要結構

교육부선정자

畫 廊	華 麗	火 災	貨 幣	確 認	擴 充
화랑:①그림 등 미술품을 전시하는 시설. ②화상(畵商)이 경영하는 전시장.	화려:빛나고 아름다움. 빛나고 고움. 화미(華美). 예華麗江山(화려강산)	화재:불이 나는 재앙. 불에 의한 재앙. 예火災保險(화재보험)	화폐:상품 교환을 매개하며 지급 수단으로써 사용되는 돈. 예貨幣價値(화폐가치)	확인:①확실히 인정함. ②특정의 사실 또는 법률 관계의 존부(存否)를 인정함.	확충:늘리고 넓혀서 충실하게 함. 예人員擴充(인원확충)

畫	廊	華	麗	火	災	貨	幣	確	認	擴	充
그림 화	행랑 랑	빛날 화	고울 려	불 화	재앙 재	재물 화	화폐 폐	확실할 확	인정할 인	늘릴 확	채울 충

오늘의 世界名言

♡ 새로운 진리에 있어서 정해진 운명은 언제나 이단(異端)에서 시작되고 미신에서 끝나는 법이다.
토머스 헉슬리 : 영국·생물학자

敎育部選定漢字

重要結構

교육부선정자

環境	丸藥	歡迎	換錢	活動	荒唐
환경 : 생물이나 인간을 둘러싸고 직접·간접으로 영향을 주는 자연적·사회적 상황.	환약 : 약재를 가루로 만들어 작고 둥글게 빚은 알약. 예丸藥湯劑(환약탕제)	환영 : 기쁜 마음으로 맞음. 기쁘게 맞음. 예入國歡迎(입국환영)	환전 : 서로 종류가 다른 화폐와 화폐를 교환하는 일. 환금(換金).	활동 : ①활발하게 움직임. ②어떤 일의 성과를 거두기 위해 애씀. 예活動力(활동력)	황당 : 언행이 거칠고 거짓이 많음. 터무니없고 허황함. 예荒唐無稽(황당무계)

環	境	丸	藥	歡	迎	換	錢	活	動	荒	唐
고리 환	지경 경	알 환	약 약	기쁠 환	맞을 영	바꿀 환	돈 전	살 활	움직일 동	거칠 황	당나라 당

오늘의 世界名言

♡ 성공에는 많은 공포나 불쾌가 수반되는 수가 있고, 실패에도 만족이나 희망이 생기는 수가 있다.
F·베이콘 : 영국·철학자

教育部選定漢字

重要結構

教育部선정자

黃昏	皇帝	懷抱	會話	獲得	橫暴
황혼:①해가 지고 어둑어둑할 때. ②한창인 고비를 지나 종말에 이르른 때.	황제:제국 군주의 존칭. 예中國皇帝(중국황제)	회포:마음 속에 품은 생각. 예追憶懷抱(추억회포)	회화:서로 만나서 이야기함. 또는, 만나서 하는 이야기. 예英語會話(영어회화)	획득:얻어서 가짐. 얻어내거나 얻어 가짐. 예資格獲得(자격획득)	횡포:제멋대로 몹시 난폭하게 굶. 제멋대로 굴며 난폭함. 예苛酷橫暴(가혹횡포)

黃	昏	皇	帝	懷	抱	會	話	獲	得	橫	暴
누를 황	어두울 혼	임금 황	임금 제	품을 회	안을 포	모을 회	말씀 화	얻을 획	얻을 득	가로 횡	사나울 포

오늘의 世界名言

♡ 시작이란 없다. 제군이 가다가 걸린 곳부터 하면 된다. 방법은 흥미에 따라 생겨날 것이다.
　　로뎅 : 프랑스·조각가

重要結構

교육부선정자

孝誠	厚德	喉舌	侯爵	後悔	訓練
효성:마음을 다하여 부모를 섬기는 정성. 예孝誠至極(효성지극)	후덕:덕행이 두터움. 또는 그 덕행. 어질고 두터운 덕행. 예厚德人品(후덕인품)	후설:①목구멍과 혀. ②「후설지신(喉舌之臣)」의 준말. 예喉舌言聲(후설언성)	후작:고려 시대의 오등작(五等爵)의 둘째. 예爵位候爵(작위후작)	후회:이전의 잘못을 깨치고 뉘우침. 과오를 뉘우침. 예後悔莫及(후회막급)	훈련:①무술을 연습함. ②일정한 목표나 기준에 달하도록 실천시키는 실제 활동.

孝	誠	厚	德	喉	舌	侯	爵	後	悔	訓	練
효도 효	정성 성	두터울 후	큰 덕	목구멍 후	혀 설	제후 후	벼슬 작	뒤 후	뉘우칠 회	가르칠 훈	익힐 련

孝	誠	厚	德	喉	舌	侯	爵	後	悔	訓	練

重要結構

오늘의 世界名言

♡ 나는 항상 청년의 실패를 흥미를 갖고 본다. 청년의 실패야 말로 그의 성공의 척도가 될수 있기 때문이다.
　모르토케 : 독일·군인

毀損	揮毫	休憩	胸肺	吸煙	興趣
훼손:①헐어서 못 쓰게함. ②체면·명예 따위를 손상함. 예名譽毀損(명예훼손)	휘호:붓을 휘둘러 글씨를 쓰거나 그림을 그림. 휘필(揮筆). 예書藝揮毫(서예휘호)	휴게:일을 하거나 길을 걷다가 잠깐 쉼. 휴식(休息). 예休憩施設(휴게시설)	흉폐:가슴과 폐부(肺腑).	흡연:담배를 피움. 끽연. 예吸煙區域(흡연구역)	흥취:흥미(興味)와 취미(趣味). 흥을 느끼는 재미. 예個性興趣(개성흥취)
毀	揮毫	休憩	胸肺	吸煙	興趣
損					

헐 회	덜 손	휘두를 휘	터럭 호	쉴 휴	쉴 게	가슴 흉	허파 폐	들이쉴 흡	연기 연	일어날 흥	취미 취

오늘의 世界名言

♡ 사는 것만이 중요하다.
살아 있기만 하면 모든 것의
이면을 알아 가게 된다.
생트 뵈브 : 프랑스 · 비평가

重要結構

戲曲	希求	稀薄	熙笑	喜悅	噫嗚
희곡 : 상연을 목적으로 한 연극이나 영화 따위의 각본. 예戲曲作家(희곡작가)	희구 : 바라며 요구함. 기구(祈求). 예希望希求(희망희구)	희박 : ①짙지 못하고 묽거나 희미함. ②일의 희망 · 가망이 적음. ③정신 상태가 약함.	희소 : 기뻐서 웃음. 웃으며 기뻐함.	희열 : 기쁨과 즐거움. 희락(喜樂). 예喜悅慶事(희열경사)	희오 : 슬프고 괴로워 하는 마음. 탄식하는 마음. 예噫嗚噫氣(희오희기)
戲	曲	希	求	稀	薄	熙	笑	喜	悅	噫	嗚
희롱할 희	굽을 곡	바랄 희	구할 구	드물 희	엷을 박	빛날 희	웃을 소	기쁠 희	기쁠 열	탄식할 희	탄식할 오

戲	曲	希	求	稀	薄	熙	笑	喜	悅	噫	嗚

常用漢字	嘉	駕	苛	嫁	稼	閣★	艱	揀	喝
	아름다울 가	수레 가	가혹할 가	시집갈 가	농사 가	누각 각	어려울 간	가릴 간	꾸짖을 갈

본 상용한자는 일상 생활에서 많이 활용되는 한자를 정선하였으며 이 중 표제자 위에 "★"를 넣은 자는 교육부 선정자로써 앞에서 제외된 자를 이곳에 포함시켰습니다.

堪★	勘★	甘★	剛	巨	巾	乞	劫	揭	隔	牽★	肩
견딜 감	헤아릴 감	달 감	군셀 강	클 거	수건 건	구걸 걸	겁탈할 겁	높이들 게	막힐 격	끌 견	어깨 견

訣	耕	鯨	繼	繫	稽	拷	雇	哭	孔	鞏	戈
이별할 결	밭갈 경	고래 경	이을 계	맬 계	생각할 계	두드릴 고	더부살이 고	울 곡	구멍 공	굳을 공	창 과
訣	耕	鯨	繼	繫	稽	拷	雇	哭	孔	鞏	戈

필수상용한자

瓜	菓	郭	廓	灌	款	括	狂	曠	怪	魁	乖
오이 과	과자 과	성곽 곽	둘레 곽	물댈 관	정성 관	쌀 괄	미칠 광	빌 광	괴이할 괴	우두머리 괴	어그러질 괴
瓜	菓	郭	廓	灌	款	括	狂	曠	怪	魁	乖

僑	驕	攬	鷗	歐	購	堀	窟	弓	圈	闕	蹶
객지 교	교만할 교	어지울 교	갈매기 구	토할 구	살 구	팔 굴	굴 굴	활 궁	둘레 권	대궐 궐	넘어질 궐

糾	均	筋	錦	扱	矜	旗	岐	嗜	冀	汽	懶
살필 규	고를 균	힘줄 근	비단 금	취급할 급	자랑할 긍	깃발 기	가닥나눌 기	즐길 기	바랄 기	김 기	게으를 나

필수상용한자

捺	紐	尿	溺	匿	茶	蛋	撻	潭	膽	垈	刀
누를 날	맬 뉴	오줌 뇨	빠질 닉	숨길 닉	차 다	새알 단	매질할 달	못 담	쓸개 담	터 대	칼 도

稻	鍍	悼	塗	禱	獨	頓	杜	屯	遁	登	謄
벼 도	도금할 도	슬퍼할 도	바를 도	빌 도	홀로 독	조아릴 돈	아가위 두	모일 둔	숨을 둔	오를 등	베낄 등

騰	羅	裸	洛	拉	掠	狼	輛	亮	煉	聯	獵
오를 등	그물 라	벌거숭이 라	물이름 락	끌고갈 랍	노략질 략	이리 랑	수레 량	밝을 량	쇠붙일 련	이을 련	사냥할 렵

嶺	齡	撈	老	籠	賂	僚	療	樓	陋	謬	凌
재 령	나이 령	건져낼 로	늙을 로	농 롱	뇌물 뢰	동료 료	병고칠 료	다락 루	더러울 루	그릇될 류	능가할 릉

필수상용한자

吏	罹	粒	麻	魔	摩	漫	網	魅	買	煤	枚
관리 리	걸릴 리	낱알 립	삼 마	마귀 마	문지를 마	부질없을 만	그물 망	도깨비 매	살 매	그을음 매	낱 매

邁	麥	孟	蔑	鳴	耗	冒	描	撫	巫	米	悶
갈 매	보리 맥	맏 맹	업신여길 멸	울 명	덜릴 모	무릅쓸 모	그릴 묘	어루만질 무	무낭 무	쌀 미	번민할 민

朴	舶	駁	剝	伴	搬	紡	俳	百	閥	氾	竝
순박할 박	큰배 박	얼룩말 박	벗길 박	짝 반	운반할 반	실뽑을 방	광대 배	일백 백	문벌 벌	넘칠 범	아우를 병

賓	覆	俸	縫	鋒	釜	敷	訃	扮	忿	噴	焚
손 빈	엎을 복	봉급 봉	꿰맬 봉	칼날 봉	가마 부	펼 부	부고 부	꾸밀 분	성낼 분	뿜을 분	불사를 분

雾	譬	殯	憑	司	四	詞	祠	飼	唆	赦	奢
안개 분	비유할 비	빈소 빈	의지할 빙	맡을 사	녁 사	말씀 사	사당 사	먹일 사	부추길 사	용서할 사	사치 사
雲今ノ	글0 리言	歹宀ノ頁	氵ㄇㅅ心	ㄱㅁ	ㄇ兀ㄴ	言ㄱㅁ	礻ㄱㅁ	食ㄱㅁ	ㅁ쏘久	士亦欠	大有ㅁ
雾	譬	殯	憑	司	四	詞	祠	飼	唆	赦	奢

肆	徙	傘	撒	三	蔘	插	箱	裳	塞	牲	嶼
방자할 사	옮길 사	우산 산	뿌릴 살	석 삼	인삼 삼	꽂을 삽	상자 상	치마 상	번방 새	희생 생	섬 서
镸�ⴹ肀	彳止ㅅ	人쏘ㅣ	扌抽放	一二	艹夾今	扌千臼	竹木目	学ㅁ衣	宀쁘노土	牛生二	山与兴
肆	徙	傘	撒	三	蔘	插	箱	裳	塞	牲	嶼

필수상용한자

逝	棲	瑞	★誓	昔	碩	★鮮	繕	膳	羨	煽	泄
갈 서	깃들일 서	상서로울 서	맹서할 서	옛 석	클 석	고울 선	기울 선	반찬 선	부드러울 선	부칠 선	샐 설
逝	棲	瑞	誓	昔	碩	鮮	繕	膳	羨	煽	泄

★纖	攝	城	醒	貰	★紹	逍	遡	巢	★蘇	贖	遜
가늘 섬	끌어잡을 섭	재 성	술깰 성	세낼 세	이을 소	노닐 소	거스를 소	새집 소	깨어날 소	속죄할 속	겸손 손
纖	攝	城	醒	貰	紹	逍	遡	巢	蘇	贖	遜

誦	悚	碎	囚	雖	搜	垂	粹	蒐	讐	酬	夙
외울 송	두려울 송	부서질 쇄	가둘 수	비록 수	찾을 수	드리울 수	순수할 수	모을 수	원수 수	잔돌릴 수	일찍 숙

循	殉	淳	拾	乘	侍	矢	屍	媤	植	蝕	殖
좇을 순	죽을 순	순박할 순	주울 습	탈 승	모실 시	화살 시	주검 시	시집 시	심을 식	좀먹을 식	번식할 식

★ ★

訊	迅	娠	紳	失	牙	雅	啞	握	顔	按	斡
물을 신	빠를 신	아이밸 신	신사 신	잃을 실	어금니 아	아담할 아	벙어리 아	잡을 악	얼굴 여	살필 안	돌연 알
訊	迅	娠	紳	失	牙	雅	啞	握	顔	按	斡

★ ★ ★

癌	押	昂	快	隘	液	也	耶	躍	孃	御	臆
암 암	수결 압	높을 앙	원망할 앙	좁을 애	진 액	어조사 야	어조사 약	뛸 약	계집 양	어거할 어	가슴 억
癌	押	昂	快	隘	液	也	耶	躍	孃	御	臆

俺	汝	淵	閲	厭	預	隷	吾	奧	伍	沃	獄
가릴 엄	너 여	못 연	볼 열	싫을 염	미리 예	종 예	나 오	속 오	대오 오	기름질 옥	감옥 옥
掩	汝	淵	閲	厭	預	隷	吾	奧	伍	沃	獄

穩	翁	擁	瓦	玩	腕	旺	倭	歪	猥	搖	曜
편안할 온	늙은이 옹	안을 옹	기와 와	놀 완	팔 완	왕성할 왕	왜국 왜	비뚤 왜	외람될 외	흔들 요	빛날 요
穩	翁	擁	瓦	玩	腕	旺	倭	歪	猥	搖	曜

필수상용한자

妖	溶	鎔	傭	迂	殞	熊	苑	冤	尉 ★	衛 ★	愈
요망할 요	녹을 용	녹일 용	품팔 용	멀 우	죽을 운	곰 웅	동산 원	원통할 원	벼슬 위	호위할 위	나을 유
妖	溶	鎔	傭	迂	殞	熊	苑	冤	尉	衛	愈

儒 ★	喩	諭	允	融 ★	凝	矣	擬 ★	誼 ★	而	已	姨
선비 유	깨우칠 유	깨우칠 유	진실로 윤	녹을 융	엉길 응	어조사 의	비길 의	옳을 의	말이을 이	이미 이	이모 이
儒	喩	諭	允	融	凝	矣	擬	誼	而	已	姨

필수상용한자

弛	翌 ★	刃 ★	咽	湮	妊	剩	兹 ★	恣 ★	瓷	諮	磁
늦출 이	다음날 익	칼날 인	목구멍 인	막힐 인	아이밸 임	남을 잉	이 자	빙자할 자	사기그릇 자	물을 자	자석 자
弛	翌	刃	咽	湮	妊	剩	兹	恣	瓷	諮	磁

仔 ★	蠶 ★	莊 ★	牆 ★	障	匠	裁 ★	邸	嫡	迹	顚	銓
자세할 자	누에 잠	장할 장	담 장	막을 장	장인 장	마를 재	큰집 저	정실 적	자취 적	정수리 전	저울질 전
仔	蠶	莊	牆	障	匠	裁	邸	嫡	迹	顚	銓

殿	詮	粘	亭	偵	呈	晶	碇	艇	制	劑	措
대궐 전	설명할 전	끈끈할 점	정자 정	정탐할 정	보일 정	수정 정	닻 정	거루 정	지을 제	조합할 제	둘 조

粗	彫	卒	綜	腫	註	駐	州	柱	舟	珠	奏
거칠 조	새길 조	군사 졸	모을 종	종기 종	주낼 주	머무를 주	고을 주	기둥 주	배 주	구슬 주	아뢸 주

週	峻	准	竣	汁	脂	旨	祉	鎭	診	震	津
주일 주	높을 준	승인할 준	마칠 준	진액 즙	비계 지	뜻 지	복 지	진압할 진	진찰할 진	진동할 진	나루 진
週	峻	准	竣	汁	脂	旨	祉	鎭	診	震	津

塵	疾	輯	什	搾	餐	饌	擦	刹	札	參	彰
티끌 진	병 질	모을 집	새간 집	낄 착	먹을 찬	밥 찬	문지를 찰	절 찰	편지 찰	참여할 참	밝을 창
塵	疾	輯	什	搾	餐	饌	擦	刹	札	參	彰

槍	責 ★	凄	尺 ★	撤	綴	帖	諜	牒	捷	滯	締
창 창	꾸짖을 책	찰 처	자 척	걷을 철	철할 철	문서 첩	염탐할 첩	편지 첩	빠를 첩	막힐 체	맺을 체
槍	責	凄	尺	撤	綴	帖	諜	牒	捷	滯	締

遞 ★	秒	礎	哨	焦	囑	塚	叢	寵	撮	樞	墜
우편 체	초침 초	주춧돌 초	보초설 초	그을릴 초	부탁할 촉	무덤 총	모을 총	사랑할 총	사진찍을 촬	지도리 추	떨어질 추
遞	秒	礎	哨	焦	囑	塚	叢	寵	撮	樞	墜

필수상용한자

錐	軸	衷	脆	炊	緻	侈	癡	墮	卓	托	誕
송곳 추	굴대 축	정성 충	연할 취	불땔 취	뺄 치	사치할 치	어리석을 치	떨어질 타	뛰어날 탁	부탁할 탁	태어날 탄
錐	軸	衷	脆	炊	緻	侈	癡	墮	卓	托	誕

眈	搭	蕩	胎	筒	堆	頹	套	把	辦	牌	霸
즐길 탐	탈 탑	방당할 탕	아이밸 태	통 통	쌓을 퇴	무너질 퇴	버릇 투	잡을 파	힘쓸 판	패 패	으뜸갈 패
眈	搭	蕩	胎	筒	堆	頹	套	把	辦	牌	霸

膨	扁	偏	鞭	坪	泡	砲	怖	鋪	瀑	剽	稟
불룩할 팽	작을 편	치우칠 편	채찍 편	평수 평	물거품 포	대포 포	두려울 포	펼 포	폭포 폭	빼앗을 표	여쭐 품
膨	扁	偏	鞭	坪	泡	砲	怖	鋪	瀑	剽	稟

필수상용한자

諷	乏	逼	瑕	虐	謔	轄	喊	緘	涵	銜	函
외울 풍	다할 핍	핍박할 핍	티 하	사나울 학	희롱할 학	다스릴 할	고함지를 함	봉할 봉	젖을 함	재갈 함	상자 함
諷	乏	逼	瑕	虐	謔	轄	喊	緘	涵	銜	函

艦	諧	骸	倖	縣	眩	嫌	脅	峽	狹	型	衡
싸움배 함	화할 해	뼈 해	요행 행	고을 현	어지러울 현	의심할 현	위협할 협	골짜기 협	좁을 협	틀 형	저울 형
艦	諧	骸	倖	縣	眩	嫌	脅	峽	狹	型	衡
艦	諧	骸	倖	縣	眩	嫌	脅	峽	狹	型	衡

필수상용한자

兮	乎	呼	狐	酷	渾	惚	靴	喚	幻	闊	猾
어조사 혜	어조사 호	부를 호	여우 호	흑독할 혹	흐릴 혼	황홀할 홀	신 화	부를 환	허깨비 환	넓을 활	교활한 활
兮	乎	呼	狐	酷	渾	惚	靴	喚	幻	闊	猾
兮	乎	呼	狐	酷	渾	惚	靴	喚	幻	闊	猾

豁	凰	恍	慌	徨	繪	徊	廻	酵	嚆	后	朽
소통할 활	봉황새 황	황홀할 황	다급할 황	거닐 황	그림 회	배회할 회	돌 회	술괼 효	울 효	왕비 후	썩을 후
뚫을谷	几皇儿	忄兴儿	忄光儿	彳넉ㄷㄴ	�繪ㄷㅏ	彳ㅣ囗ㅁ	口ㄹ辶	酉ㄅㅏ	口ㅂㅓㅁ	ㄥㅡㄱ	木ㄅㅕ
豁	凰	恍	慌	徨	繪	徊	廻	酵	嚆	后	朽

嗅	勳	兇	痕	恰	洽	姬	犧
냄새맡을 후	공 훈	흉악할 흉	흔적 흔	흡사할 흡	젖을 흡	계집 희	희생할 희
口ㅡㅌ火	熏ㄹㅣ	ㅅ儿ㄴ	疒ㄱㄹ	忄ㄱㅎ	氵ㅅㅎ	女ㅣㅎㄴ	牛ㅂㅕ我
嗅	勳	兇	痕	恰	洽	姬	犧

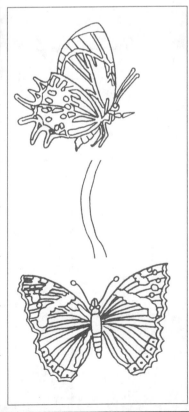

漢字의 숫자 쓰기

※ 敎育部 選定 漢字중에 포함된 漢字로 별도 발췌한 것임.

一	二	三	四	五	六	七	八	九	十
한 일	두 이	석 삼	넉 사	다섯 오	여섯 육	일곱 칠	여덟 팔	아홉 구	열 십
一	二	三	四	五	六	七	八	九	十
一	二	三	四	五	六	七	八	九	十

壹	貳	參	拾	百	千	萬	億	金	整
한 일	두 이	석 삼	열 십	일백 백	일천 천	일만 만	억 억	쇠 금	정돈 정
壹	貳	參	拾	百	千	萬	億	金	整
壹	貳	參	拾	百	千	萬	億	金	整

잘못 쓰기 쉬운 漢字 (1)

綱	법 강	網	그물 망	問	물을 문	間	사이 간
開	열 개	閑	한가할 한	未	아닐 미	末	끝 말
決	정할 결	快	유쾌할 쾌	倍	갑절 배	培	북돋을 배
徑	지름길 경	經	날 경	伯	맏 백	佰	어른 백
古	예 고	右	오른 우	凡	무릇 범	几	안석 궤
困	지칠 곤	因	인할 인	復	다시 부	複	거듭 복
科	과목 과	料	헤아릴 료	北	북녘 북	兆	조 조
拘	잡을 구	枸	구기자 구	比	견줄 비	此	이 차
勸	권할 권	歡	기쁠 환	牝	암컷 빈	牡	수컷 모
技	재주 기	枝	가지 지	貧	가난 빈	貪	탐할 탐
端	끝 단	瑞	상서 서	斯	이 사	欺	속일 기
代	대신 대	伐	벨 벌	四	넉 사	匹	짝 필
羅	그물 라	羅	만날 리	象	형상 상	衆	무리 중
旅	나그네 려	族	겨레 족	書	글 서	晝	낮 주
老	늙을 로	考	생각할 고	設	세울 설	說	말씀 설
綠	초록빛 록	緣	인연 연	手	손 수	毛	털 모
論	의논할 론	輪	바퀴 륜	熟	익힐 숙	熱	더울 열
栗	밤 률	粟	조 속	順	순할 순	須	모름지기 수
摸	본뜰 모	模	법 모	戍	개 술	戍	막을 수
目	눈 목	自	스스로 자	侍	모실 시	待	기다릴 대

잘못 쓰기 쉬운 漢字 (2)

市	저자 시	布	베풀 포	情	인정 정	清	맑을 청
伸	펼 신	坤	땅 곤	爪	손톱 조	瓜	오이 과
失	잃을 실	矢	살 시	准	법 준	淮	물이름 회
押	누를 압	抽	뽑을 추	支	지탱할 지	攴	칠 복
哀	슬플 애	衷	가운데 충	且	또 차	旦	아침 단
冶	녹일 야	治	다스릴 치	借	빌릴 차	措	정돈할 조
揚	나타날 양	楊	버들 양	淺	얕을 천	殘	나머지 잔
億	억 억	憶	생각할 억	天	하늘 천	夭	재앙 요
與	더불어 여	興	일어날 흥	天	하늘 천	夫	남편 부
永	길 영	氷	얼음 빙	撤	걷을 철	撒	뿌릴 살
午	낮 오	牛	소 우	促	재촉할 촉	捉	잡을 착
于	어조사 우	干	방패 간	寸	마디 촌	才	재주 재
雨	비 우	兩	두 량	坦	넓을 탄	垣	낮은담 원
圓	둥글 원	園	동산 원	湯	끓을 탕	陽	볕 양
位	자리 위	泣	울 읍	波	물결 파	彼	저 피
恩	은혜 은	思	생각할 사	抗	항거할 항	坑	묻을 갱
作	지을 작	昨	어제 작	幸	다행 행	辛	매울 신
材	재목 재	村	마을 촌	血	피 혈	皿	접씨 명
沮	막을 저	阻	막힐 조	侯	제후 후	候	모실 후
田	밭 전	由	말미암을 유	休	쉴 휴	体	상여군 분

원고지 쓰기

　원고 용지는, 이것을 바탕으로 하여 인쇄하거나, 문서에 정서하게 되는 것이므로, 누구나 보고 알아볼 수 있게 또렷하게 써야하며, 띄어쓰기와 단락은 분명하게 하여야 한다.

〈쓰는 법〉

① 대체적으로 제목은 2행째의 4째칸이나 5째칸부터 쓴다.
② 글의 시작은 1자 비우고 쓴다. 그리고, 단락을 마칠 때도 줄을 바꾸어 1자 비우고 쓴다.
③ 부호 일체도 1자로 계산하여 쓴다.
④ 행의 맨 끝에 비울 칸이 없을 때는 V표를 지른다.
⑤ 글을 다 쓴 후에 빠진 말이 있을 경우에는, 행과 행 사이의 좁은 줄에 써 넣는다.

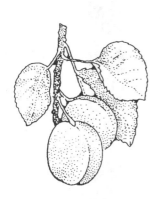

원고지 예:

				흐	르	는		물	을		붙	들	고	서	
												홍		사	용
	시	내	물	이		흐	르	며		노	래	하	기	를	외	로	운
그	림	자		물	에		뜬		마	름	잎.	나	그	네	근	심	이
끝	이		없	어	서		빨	래	하	는		처	녀	를	울	리	었	도
다.																
	돌	아	서	는		님	의		손		잡	아	다	리	며	그	리	지

교정 부호

기　호	교 정 예	설　　명	교 정 결 과
V	교정의의이	語(字)間을 떼라	교정의 의의
⌒	교정이라 함은	語(字)間을 붙이라	교정이라함은
ℓ	교정자 to	活字를 바로 세우라	교정자와
○	원고와을 를	誤字를 고쳐라	원고와를
ℓℓ	대조조하여	除去하라	대조하여
○ 고	문자·배열·색 고	고딕體로 바꿔라	문자·배열·색
○ 明	기타의 틀린 점,	明朝體로 바꿔라	기타의 틀린 점,
⌐⌐	점 등을 불비한	先後를 바꿔라	불비한 점 등을
←⌐ ⌐→	← 교정지에 ⌐	左(右)로 내(너)라	교정지에
⌐	주로 붉은 잉크로	行을 이으라	주로 붉은 잉크로
⌐	記入訂正하는 일 을 말한다	行을 바꿔라	記入訂正하는 일을 말한다.
⟨6P⟩	6P 새한글 사전에서	活字크기를 바꿔	(새한글 사전에서)
	校正은 參校를	줄을 고르게 하라	校正은 參校를
	原則으로 한다 (·	句讀點을 넣어라	原則으로 한다.

반대의 뜻을 가진 漢字 (1)

加	더할 가	減	덜 감	暖	따뜻할 난	冷	찰 랭
可	옳을 가	否	아니 부	難	어려울 난	易	쉬울 이
甘	달 감	苦	쓸 고	男	사내 남	女	계집 녀
强	강할 강	弱	약할 약	內	안 내	外	바깥 외
開	열 개	閉	닫을 폐	濃	짙을 농	淡	엷을 담
客	손 객	主	주인 주	多	많을 다	少	적을 소
去	갈 거	來	올 래	大	클 대	小	작을 소
乾	마를 건	濕	축축할 습	動	움직일 동	靜	고요할 정
京	서울 경	鄕	시골 향	頭	머리 두	尾	꼬리 미
輕	가벼울 경	重	무거울 중	得	얻을 득	失	잃을 실
苦	괴로울 고	樂	즐거울 락	老	늙을 로	少	젊을 소
高	높을 고	低	낮을 저	利	이로울 리	害	해로울 해
古	예 고	今	이제 금	賣	살 매	買	팔 매
曲	굽을 곡	直	곧을 직	明	밝을 명	暗	어두울 암
功	공 공	過	허물 과	問	물을 문	答	대답할 답
公	공평할 공	私	사사 사	發	떠날 발	着	붙을 착
敎	가르칠 교	學	배울 학	貧	가난할 빈	富	부자 부
貴	귀할 귀	賤	천할 천	上	위 상	下	아래 하
禁	금할 금	許	허락할 허	生	날 생	死	죽을 사
吉	길할 길	凶	언짢을 흉	先	먼저 선	後	뒤 후

반대의 뜻을 가진 漢字 (2)

玉	옥 옥	石	돌 석	長	길 장	短	짧을 단
安	편아할 안	危	위태할 위	前	앞 전	後	뒤 후
善	착할 선	惡	악할 악	正	바를 정	誤	그르칠 오
受	받을 수	授	줄 수	早	일찍 조	晚	늦을 만
勝	이길 승	敗	패할 패	朝	아침 조	夕	저녁 석
是	옳을 시	非	아닐 비	晝	낮 주	夜	밤 야
始	비로소 시	終	마칠 종	眞	참 진	假	거짓 가
新	새 신	舊	예 구	進	나아갈 진	退	물러갈 퇴
深	깊을 심	淺	얕을 천	集	모을 집	散	흩어질 산
哀	슬플 애	歡	기쁠 환	天	하늘 천	地	땅 지
溫	따뜻할 온	冷	찰 랭	初	처음 초	終	마칠 종
往	갈 왕	來	올 래	出	나갈 출	入	들 입
優	뛰어날 우	劣	못할 렬	表	겉 표	裏	속 리
遠	멀 원	近	가까울 근	豐	풍년 풍	凶	흉년 흉
有	있을 유	無	없을 무	彼	저 피	此	이 차
陰	그늘 음	陽	볕 양	寒	찰 한	暑	더울 서
異	다를 이	同	한가지 동	虛	빌 허	實	열매 실
因	인할 인	果	과연 과	黑	검을 흑	白	흰 백
自	스스로 자	他	남 타	興	흥할 흥	亡	망할 망
雌	암컷 자	雄	수컷 웅	喜	기쁠 희	悲	슬플 비

同 字 異 音 (1)

降	내릴	강	降下(강하)
	항복할	항	降服(항복)
更	다시	갱	更生(갱생)
	고칠	경	變更(변경)
見	볼	견	見學(견학)
	드러날	현	見齒(현치)
契	맺을	계	契約(계약)
	나라이름	글	契丹(글안)
句	글귀	구	句讀(구두)
	귀절	귀	句節(귀절)
金	쇠	금	金星(금성)
	성	김	金氏(김씨)
龜	땅이름	구	龜浦(구포)
	거북	귀	龜鑑(귀감)
	터질	균	龜裂(균열)
豈	어찌	기	豈敢(기감)
	승전악	개	豈樂(개락)
內	안	내	內外(내외)
	여관	나	內人(나인)
奈	어찌	내	奈何(내하)
	어찌	나	奈樂(나락)
茶	차	다	茶房(다방)
	차	차	紅茶(홍차)
糖	엿	당	糖分(당분)
	엿	탕	砂糖(사탕)
度	법도	도	制度(제도)
	헤아릴	탁	度地(탁지)

讀	읽을	독	讀書(독서)
	귀절	두	吏讀(이두)
洞	골	동	洞長(동장)
	통할	통	洞察(통찰)
樂	즐길	락	苦樂(고락)
	풍류	악	音樂(음악)
	좋아할	요	樂山(요산)
率	비율	률	能率(능률)
	거느릴	솔	統率(통솔)
反	돌이킬	반	反擊(반격)
	뒤칠	번	反畓(번답)
復	회복할	복	回復(회복)
	다시	부	復活(부활)
否	아닐	부	否定(부정)
	막힐	비	否塞(비색)
北	북녘	북	南北(남북)
	달아날	배	敗北(패배)
射	쏠	사	射擊(사격)
	벼슬이름	야	僕射(복야)
邪	간사할	사	正邪(정사)
	어조사	야	怨邪(원야)
殺	죽일	살	殺生(살생)
	감할	쇄	相殺(상쇄)
狀	형상	상	狀態(상태)
	문서	장	償狀(상장)
塞	변방	새	要塞(요새)
	막힐	색	語塞(어색)

同 字 異 音 (2)

索	찾을 색 / 쓸쓸할 삭	思索(사색) / 索寞(삭막)
說	말씀 설 / 달랠 세	說明(설명) / 遊說(유세)
省	살필 성 / 덜 생	反省(반성) / 省略(생략)
衰	쇠할 쇠 / 상복 최	衰弱(쇠약) / 齊衰(재최)
宿	잘 숙 / 별 수	投宿(투숙) / 星宿(성수)
拾	주울 습 / 열 십	拾得(습득) / 五拾(오십)
氏	성씨 씨 / 나라이름 지	性氏(성씨) / 月氏(월지)
食	먹을 식 / 밥 사	飮食(음식) / 疏食(소사)
識	알 식 / 기록할 지	知識(지식) / 標識(표지)
惡	악할 악 / 미워할 오	善惡(선악) / 憎惡(증오)
易	바꿀 역 / 쉬울 이	交易(교역) / 容易(용이)
刺	찌를 자 / 찌를 척	刺客(자객) / 刺殺(척살)
著	나타낼 저 / 붙을 착	著作(저작) / 著色(착색)
切	끊을 절 / 모두 체	切斷(절단) / 一切(일체)
齊	가지런할 제 / 재계할 재	整齊(정제) / 齊戒(재계)
辰	별 진 / 날 신	辰宿(진숙) / 生辰(생신)
車	수레 차 / 수레 거	車庫(차고) / 車馬(거마)
參	참여할 참 / 석 삼	參席(참석) / 參等(삼등)
拓	열 척 / 밀칠 탁	開拓(개척) / 拓本(탁본)
則	법 칙 / 곧 즉	規則(규칙) / 然則(연즉)
宅	집 택 / 댁 댁	住宅(주택) / 宅內(댁내)
便	편할 편 / 오줌 변	便利(편리) / 便所(변소)
暴	사나울 포 / 드러날 폭	暴惡(포악) / 暴露(폭로)
幅	폭 폭 / 폭 복	大幅(대폭) / 幅巾(복건)
合	합할 합 / 홉 홉	合計(합계) / 五合(오홉)
行	다닐 행 / 항렬 항	行路(행로) / 行列(항렬)
畫	그림 화 / 꾀할 획	圖畫(도화) / 計畫(계획)
活	살 활 / 물소리 괄	生活(생활) / 活活(괄괄)

同 音 異 義 (1)

소리는 같지만 뜻이 다른 單語 등을 모아 漢字 공부에 便宜를 꾀하였다.

감사	感謝 監査	근간	根幹 近間 近刊	무기	無期 武器
개화	開花 開化	기구	機構 寄具 氣球	방위	方位 防衛
검사	檢事 檢查			배우	俳優 配偶
경기	景氣 京畿 競技	기도	祈禱 企圖	백화	百花 白花
		기사	記事 騎士 技士 技師 己巳 棋士	부동	不動 不同
경전	耕田 慶典 經典			사고	思考 事故 社告
고대	古代 苦待	기상	氣象 起床	사기	詐欺 士氣 死期
고적	古蹟 孤蹟 故敵	노력	勞力 努力	사법	司法 私法
		녹음	錄音 綠陰	사상	思想 死傷 史上
공무	公務 工務	답사	答辭 踏查		
교사	教師 校舍 教唆	도서	圖書 島嶼	선량	選良 善良
교장	校長 教場	동기	冬期 同期 動機	선전	宣傳 宣戰
국가	國家 國歌			성지	城祉 聖旨 聖地
국화	菊花 國花	동의	動議 同意		

同 音 異 義 (2)

소생	蘇生 小生 所生	영화	映畫 榮華	장관	長官 壯觀
수도	首都 水道	우수	優秀 右手 雨水 優愁	재배	栽培 再拜
수신	受信 修身 水神 守神			재화	財貨 災禍
		우편	郵便 右便	전기	傳記 前期
수업	授業 修業	유산	遺産 流産	전력	全力 前歷 電力
수익	受益 收益	유지	維持 有志 油紙 油脂	전문	專門 電文 前文 全文
수입	收入 輸入				
순간	瞬間 旬刊	은사	恩師 隱士 恩赦	전시	展示 戰時
시장	市場 市長	의사	醫師 意思 議事	전원	田園 全員
식물	食物 植物	의원	議員 議院	전제	專制 前提
신선	新鮮 神仙	의지	意志 依支	제정	制定 祭政
심사	深思 審査	이성	理性 異性	주의	主義 注意
안정	安定 安靜	자비	慈悲 自費	차관	次官 借款
양토	養兔 壤土	자원	資源 自願	통장	通帳 統長
				하기	夏期 下記

특히 주의해야 할 획순

◆ 漢字를 쓸때에는 반드시 왼쪽에서 오른쪽 그리고 위에서 아래로 먼저 쓰며 대개 가로를 먼저쓰고, 세로를 나중에 쓴다.

九	力	乃	及	火
氷	上	左	右	女
心	必	方	房	州
田	里	馬	無	長
衰	兒	出	來	民
比	非	近	起	臣
靑	門	狀	飛	書